中/青/文/库

本书得到中国青年政治学院出版基金资助

创意产业发展的要素禀赋和市场需求条件研究

徐丽艳◎著

中国社会科学出版社

图书在版编目(CIP)数据

创意产业发展的要素禀赋和市场需求条件研究/徐丽艳著.—北京：中国社会科学出版社，2015.6

ISBN 978-7-5161-5761-9

Ⅰ.①创… Ⅱ.①徐… Ⅲ.①文化产业—产业发展—研究—中国 Ⅳ.①G124

中国版本图书馆CIP数据核字（2015）第058980号

出 版 人 赵剑英
责任编辑 李炳青
责任校对 季 静
责任印制 李寡寡

出 版 中国社会科学出版社
社 址 北京鼓楼西大街甲158号
邮 编 100720
网 址 http：//www.csspw.cn
发 行 部 010-84083685
门 市 部 010-84029450
经 销 新华书店及其他书店

印刷装订 北京金瀑印刷有限责任公司
版 次 2015年6月第1版
印 次 2015年6月第1次印刷

开 本 710×1000 1/16
印 张 10.5
插 页 2
字 数 190千字
定 价 45.00元

《中青文库》编辑说明

中国青年政治学院是在中央团校基础上于1985年12月成立的，是共青团中央直属的唯一一所普通高等学校，由教育部和共青团中央共建。中国青年政治学院成立以来，坚持“质量立校、特色兴校”的办学思想，艰苦奋斗、开拓创新，教育质量和办学水平不断提高。学校是教育部批准的国家大学生文化素质教育基地，中华全国青年联合会和国际劳工组织命名的大学生KAB创业教育基地。学校与中央编译局共建青年政治人才培养研究基地，与北京市共建社会工作人才发展研究院和青少年生命教育基地。

目前，学校已建立起包括本科教育、研究生教育、留学生教育、继续教育和团干部培训等在内的多形式、多层次的教育格局。设有中国马克思主义学院、青少年工作系、社会工作学院、法律系、经济系、新闻与传播系、公共管理系、中国语言文学系、外国语言文学系等9个教学院系，文化基础部、外语教学研究中心、计算机教学与应用中心、体育教学中心等4个教学中心（部），轮训部、继续教育学院、国际教育交流学院等3个教学培训机构。

学校现有专业以人文社会科学为主，涵盖哲学、经济学、法学、文学、管理学5个学科门类。学校设有思想政治教育、法学、社会工作、劳动与社会保障、社会学、经济学、财务管理、国际经济与贸易、新闻学、广播电视学、政治学与行政学、汉语言文学和英语等13个学士学位专业，其中社会工作、思想政治教育、法学、政治学与行政学为教育部特色专业。目前，学校拥有哲学、马克思主义理论、法学、社会学、新闻传播学和应用经济学等6个一级学科硕士授权点和1个专业硕士学位点，同时设有青少年研究院、中国马克思主义研究中心、中国志愿服务信息资料研究中心、大学生发展研究中心、大学生素质拓展研究中心等科研机构。

在学校的跨越式发展中，科研工作一直作为体现学校质量和特色的重要内容而被予以高度重视。2002 年，学校制定了教师学术著作出版基金资助条例，旨在鼓励教师的个性化研究与著述，更期之以兼具人文精神与思想智慧的精品的涌现。出版基金创设之初，有学术丛书和学术译丛两个系列，意在开掘本校资源与移译域外菁华。随着年轻教师的剧增和学校科研支持力度的加大，2007 年又增设了博士论文文库系列，用以鼓励新人，成就学术。三个系列共同构成了对教师学术研究成果的多层次支持体系。

十几年来，学校共资助教师出版学术著作百余部，内容涉及哲学、政治学、法学、社会学、经济学、文学艺术、历史学、管理学、新闻与传播等学科。学校资助出版的初具规模，激励了教师的科研热情，活跃了校内的学术气氛，也获得了很好的社会影响。在特色化办学愈益成为当下各高校发展之路的共识中，2010 年，校学术委员会将遴选出的一批学术著作，辑为《中青文库》，予以资助出版。《中青文库》第一批（15 本）、第二批（6 本）、第三批（6 本）出版后，有效展示了学校的科研水平和实力，在学术界和社会上产生了很好的反响。本辑作为第四批共推出 12 本著作，并希冀通过这项工作的陆续展开而更加突出学校特色，形成自身的学术风格与学术品牌。

在《中青文库》的编辑、审校过程中，中国社会科学出版社的编辑人员认真负责，用力颇勤，在此一并予以感谢！

序

李　悦

随着经济社会的发展和经济结构及消费者需求结构的升级，作为新兴产业的创意产业也顺势而生，并获得了快速发展。创意产业已经成为带动传统产业向现代化迈进的重要推动器，其在提高国内生产总值，带动就业，增加产品附加价值及满足人们多样化需求，应对经济危机等方面起着重要的作用。美国、日本、加拿大、韩国等发达国家早已将创意产业列为支柱产业，且其创意产业获得了飞速的发展。

对中国而言，当前正面临着制造业和产业结构升级，实现低碳化生产等重要任务，在此，创意产业的发展有着非常重要的作用。中国是个有着五千年传统文化的文明古国，这些文化资源的开发利用将极大地促进中国经济的快速发展。这些正是中国发展创意产业的独特有利条件。但是在我国起步晚的创意产业，与发达国家相比，仍然存在着较大的差距，我们急需加大探索研究的力度，努力寻找促进中国创意产业发展的路径。

综观国内关于创意产业的研究成果，虽然也有不少从产业经济学角度分析的论著，但是从创意产业发展所需要条件角度出发的研究成果尚不多见。本书有针对性地研究创意产业发展所必须具备的条件，并得出了创意产业要想获得发展必须具备的供需条件。

从供给层面上看，文化资源、进步技术及创意人才这三个条件缺一不可，文化资源是创意产业发展的软实力，科学技术进步则是创意产业发展的硬实力，将二者有机结合则是市场需求的创意人才。从需求层面看，消费需求结构升级、产品价值构成演变、产业价值增值链环节转移等因素促进了创意产业的产生和发展。除此之外，产业内结构升级也是创意产业发展所必需的条件。这些内容的研究对中国当前创意产业的发展具有重要的意义，弄清楚创意产业发展的条件，就可以有针对性地提出创意产业发展的对策。

本书是我的学生徐丽艳同学在她的博士论文基础上，经过多次加工成书的。徐丽艳同学自2008年攻读博士以来，一直在学习和科研领域保持着谦虚好学的态度，这本书在写作过程中，她曾多次就文章中的观点与我探讨，该书在对创意产业概念界定及对创意产业发展所需条件等方面的研究，具有许多创新见解，是对创意产业研究的补充。我相信该书对中国创意产业的发展，进而对我国国民经济的持续快速发展一定会做出应有的贡献。

2013年12月10日

作者系中国人民大学教授，博士生导师

目　录

第一章　创意产业导论

也许此时你刚刚从电影院看完2013年赵薇导演的处女作《致我们终将逝去的青春》，正在和朋友热议这部片子给你带来的感受，也许你正在看设计师给你房屋所做的装修设计图，也许你打算下班后和朋友们去Shoping Mall（疯狂采购）一番，顺便去看看话剧，等等。当你做这些的时候你可能并没有感觉到，创意产业正渗透到你生活的方方面面，你可能更没有预料到的是，创意产业所创造的经济收益正在颠覆传统经济，《致我们终将逝去的青春》这部影片上映仅12天，票房突破5.2亿元，而这部影片的成本仅6000万元。这部片子的影响不仅仅体现在这些经济数字上，还体现在生活的很多方面，自此在各领域掀起了一阵怀旧潮，其经典台词刮遍大江南北。

创意产业在新经济时代确实做到了点石成金。提起张艺谋的印象系列，国内外的人士都赞叹不已。去桂林漓江的游客，大多数人是为了看看《印象·刘三姐》，作为世界首部大型山水实景演出，《印象·刘三姐》将桂林漓江山水风情、广西少数民族文化和中国精英艺术家进行了有机结合，以其独特的艺术感染力和良好的社会经济效益，吸引着国内外众多观众和业内人士，实现了一场演出的革命和视觉的革命。在《印象·刘三姐》的带动下，张艺谋及其团队又陆续打造了《印象·西湖》、《印象·丽江》、《印象·大红袍》等一系列印象系列，这些印象系列获得了游客的一致认可并取得了可观的经济收益。据资料显示，《印象·刘三姐》自正式公演七年来演出2000多场，仅2009年就演了497场，观众达130万人，年演出收入超过2.6亿元。由于观众需求不断增加，座位从最初的1880席扩建到3700席；《印象·丽江》2009年演出900场，共有140万人观看，净利润7300万元；而号称投资8000万的《印象·丽江》实际投入只有5000万元，3000万元用于建造游客集散中心，回收成本也相当快速。印象系列的成功，引起了国外的关注，越南方面对《印象·刘三姐》极为赞赏，多次派员前来考察洽谈，要求与中方合作开发有海上桂林之称的下龙湾海上实景演出项目。经过双方的多次考察、洽谈，广西文化厅与越南方面于2006年中国—东盟文化产业论坛举办期间签署了《关于在越南民族共和国广宁省下龙湾地区投资建设山水实景演出剧场并开展商业演出的协议》，推动了合作进程。而马来西亚政府为了推动当地旅游业的发展，提高马六甲在国际世界的知名度，也邀请了印象系列铁三角之一的王潮歌导演去打造印象马六甲，印象系列产品开始走出国门。这些惊人的经济数字足以看出创意产业在当今国民经济中的重要作用。

作为导论，本书将向读者介绍创意产业产生的背景及其在各国的发展、创意产业的相关概念界定等内容。

第一节　创意产业的产生及发展

随着知识经济的发展和信息技术的普及，传统产业结构的演进规律已经无法全面描述经济发展的结构特征。作为一种新型的产业类型，创意产业开始进入人们的视野。创意产业的产生是经济发展的必然结果。随着经济的发展，居民消费能力的提高，消费者对于产品的需求逐渐由核心需求转为外延需求，更加追求产品的品牌、档次、文化内涵及其他附加价值，这些是传统追求使用价值的产品所无法实现的，消费者需求的变化催生了创意产业。

创意产业的发展同样离不开政府层面对创意产业战略性的认识和扶持。创意产业的概念最早是在英国出现的，源自英语 Creative Industries 或 Creative Economy。1997 年，英国首相布莱尔设立了“创意特别小组”（Creative Industries Task Force），并自任主席，并于 1998 年出台了《英国创意产业路径文件》，提出“创意产业”这一概念，英国成为世界上第一个政策性推动创意产业发展的国家。当前，发达国家中的美国、英国、法国、加拿大、澳大利亚、日本、韩国等国家及中国的台湾和香港地区是创意产业发展势头强劲的国家和地区。这些国家和地区一方面比较关注创意产业在经济发展中的重要地位，一方面在发展中逐渐根据本国或本地区的特点，使得创意产业的发展呈现出明显的地区特色及地域优势。如在英国、澳大利亚、新西兰、新加坡、韩国等国家和地区，创意产业被称为文化创意产业，因为创意产业的发展与文化紧密结合；而在美国、加拿大等国家，创意产业主要集中在与版权保护密不可分的“版权产业”；日本和韩国的创意产业则主要以动漫产业和软件开发为主，法国则以奢侈品的设计出口作为创意产业的主要发展内容，等等。

一　欧美国家创意产业发展状况

（一）英国

英国是创意产业发展的先锋队，从20世纪90年代以来，英国的布莱尔政府就开始对创意产业进行关注，并通过制定一系列的举措，使得英国从过去的“世界工厂”蜕变为当今的“世界创意工厂”，创意产业已经成为推动英国经济快速发展的重要动力。英国对创意产业的发展不仅从思想层面上高度重视，并从政策上不断推进。早在2001年，英国文体部就发布了《英国创意产业专题报告》（*Creative Industries Mapping Document*），提出创意产业发展的基本战略。其具体政策措施主要包括：加强机制建设（主要涉及组织管理、资金支持、人才培养等方面）；建设完善财务支持系统（主要针对创意文化产品研制、经销、出口等给予系统扶持），这一财务支持系统主要包括奖励投资、提供贷款、成立风险基金以及组织区域财务论坛等。2005年，文体部发布《创意经济计划》（*The Creative Economy Program*），为创意产业发展建立一个更好的政策框架。2006年又公布《英国创意产业竞争力分析》（*Comparative Analysis of the UK' s Creative Industries*），将创意产业分类为三个产业集群：生产性行业（Production Industries）、服务性行业（Service Industries）和艺术品及相关技术行业（Arts and Crafts Industries）。创意产业的发展，在地方经济复兴、政治认同、凝聚力等政府很难解决的问题方面产生了重要影响。2007年，英国文化体育与传媒部发布了《文化与创意2007》（*Culture & Creativity in* 2007）的报告，以案例形式总结了过去10年间创意产业发展的成果：曼彻斯特海滨城市索尔福德码头的文化重建创造了11000个就业岗位，单劳瑞艺术中心就占了6500个；而泰特现代艺术馆在伦敦南华克地区解决的就业人数为3000人，开张第一年创造的经济效益就达到了1亿英镑；布里斯托尔港口、伯明翰珠宝区、曼彻斯特的 Ancoats 地区都靠欣欣向荣的文化生活而得以复兴。报告显示：创意产业在整个国民经济增加值中的比例超过了7%，并以每年5%的速度在增长，远高于整个经济的增长速度，产值达 560 亿英镑，解决了 180 多万人的就业问题。2004 年艺术产业所创造的外贸总额达到了 130 亿英镑，占出口产品与服务总额的 4.3%。音乐产业的产值达到了 60 亿英镑，就业人数为 13 万人。

2010 年，英国的创意产业即已成为与金融服务业规模相近的国民经济支柱产业，开创了一个发展迅猛的战略“蓝海”领域。同时期，在许多欧洲国家，创意产业在促进经济增长方面，都已成为新的重要贡献力量。据统计，创意产业的产值目前已经达到欧盟总产值的 2.6%，在 27 个欧盟成员国内提供了近 500 万个技术岗位。

（二）美国

美国是创意发展的典型国家，也是创意产业发展最强的国家。在美国，版权产业成了创意产业的基础。自 20 世纪 70 年代起，美国为了适应国内版权产业崛起的趋势，实施了加强版权保护的版权战略，通过此战略，有力促进了其版权产业的发展，充分维护了美国在全球的经济利益，促进了美国全球竞争力的提升。美国的版权产品在 1996 年成为了国内最大宗的出口产品，出口额高达 601.8 亿美元，首次超过了汽车、农业等传统产业。另据《美国经济中的版权产业：2004 年报告》① 提供的数据，在 1997—2002 年，美国核心版权产业增速是 3.51%，超过同期美国 GDP 2.4% 的年均增长率。2002 年美国核心版权产业的增加值达到 6262 美元，占 GDP 的 5.98%，总体版权产业增加值为 12540 美元，约占到美国 GDP 的 11.97%。在就业方面，2002 年核心版权产业就业 548 万，全部版权产业就业 1148 万，分别占美国就业总人数的 4.02% 和 8.41%。从全部版权产业就业规模来看，已经接近社会与保障救助业的 1530 万和 21 个制造产业的 1450 万。2005 年，美国全部版权产业约为 1.38 万亿美元，GDP 占比 11.12%（其中软件、音乐、电影等核心版权产业 8190 亿美元，GDP 占比 6.6%）。2007 年，核心版权产业的增值是 8891 亿美元，大约占美国国内生产总值的 6.4%。2004

---

① 徐朗：《基于生态位的城市创意产业发展研究——9 个长三角城市创意产业城市生态位测评分析》，浙江理工大学 2009 年。

年、2005年、2006年和2007年，“核心版权产业”和“总体版权产业”的实际年增长率是美国整体经济增长率的两倍多。从2007年的就业数据来看，核心版权产业解决了560万人的就业问题，占全国就业总数的4.05%。而2007年受雇于总体版权产业的工人为1170万人，即美国就业总人数的8.51%。在出口方面，2006年美国核心版权产业在国外市场的总销售额超过1160亿美元，2007年接近1260亿美元，增加了8%。[①] 从上面的数字可以看出，创意产业已经成为美国国民经济中举足轻重的产业部门，创意产业为美国的GDP和就业做出了巨大的贡献。

在英美创意产业发展的带动下，德国也开始大力发展创意产业。2008年，德国创意产业增加值为634亿欧元，占经济总量的2.5%，销售额达1317亿欧元，其增加值已超过化工业，仅低于机械制造和汽车业，在国民经济中占有举足轻重的地位。创意产业从业人员首次超过100万人，在各行业中仅比机械制造业少3万人，居第二位，占德国总就业人口的3.3%。在意大利，创意产业也同样发挥了重要的经济杠杆作用。2010年，创意产业的总产值达680亿欧元，占国内生产总值的4.9%，提供了150万个就业岗位，占全国就业岗位的5.7%；与其他行业0.3%的增长率相比，创意产业增长3%，是意大利国民经济增长速度的10倍；与总体就业率下降2.1%相比，创意产业新增就业岗位率提高了1个百分点，为0.9%，新增加就业岗位1.3万个；在国民经济总收入减少29亿欧元时，文化创意产品2010年贸易额赢利达137亿欧元。

二　亚洲主要国家的创意产业

（一）日本

日本的创意产业主要集中在动漫、内容制作及娱乐观光领域，是日本国民经济的重要组成部分。日本对于创意产业的重视也早在20世纪90年代就已经开始了，日本于1990年成立了由专家学者和艺术权威组成的“文化政策促进会议”，作为文化厅长官的咨询机构。1995年7月，文化政策促进会议提出《新的文化立国目标——当前振兴文化的重

① 朱光好：《高等院校服务文化创意产业发展研究》，北京师范大学2010年。

点和对策》报告，开启了“文化立国”战略的初步设想。1996年7月，文化厅正式提出了《21世纪文化立国方案》，标志着日本“文化立国”战略的正式确立。2000年，日本确定了基本法，2001年颁布了《文化艺术振兴基本法》，2002年小泉政府出台《知识产权基本法》，2003年《电子日本重点计划》等。[①] 在这些政策的促进下，日本的创意产业取得了突出的成绩。日本被称为“动漫王国”，是世界上最大的动漫制作和输出国，目前日本所生产的动漫作品占全球播放的动漫作品六成以上，在欧洲这个比例更高，达到八成以上。根据日本贸易振兴会公布的数据，2003年，销往美国的日本动漫片以及相关产品的总收入为43.59亿美元，是日本出口到美国的钢铁总收入的四倍。广义的动漫产业实际上已占日本GDP十多个百分点，已经成为超过汽车工业的赚钱产业。日本的动漫产业已经以年营业额230万亿日元成为日本第二大支柱产业。2003年4月至2004年3月，日本的动漫市场销售额（动漫电影票房、动漫电影以及动漫电视录像带、电视专门频道等的营业收入总额）达3739亿日元，比2002年度的2135亿日元增长了1604亿日元，增幅达75.1%以上。以动画片形象制成的相关衍生产品的授权收入则更拥有2万亿日元的市场。[②]

（二）韩国

在亚洲，除了日本，韩国的创意产业发展也是值得称道的。韩国的创意产业发展是与政府的政策引导和扶持密不可分的。韩国政府自从1997年亚洲金融危机以来就提出了“设计韩国”的战略，将创意产业作为21世纪最重要的产业之一，确立“文化立国”的方针，并设定了专门的部门文化产业局来推动创意产业的发展。1999年通过了《文化产业促进法》，明确鼓励文化、娱乐、内容等产业的发展；成立了文化产业振兴院，作为辅助机构协助将文化创意内容衍生成文化产品。政府在政策法规、组织结构、资金支持、人才培养等方面给予了大力扶持，极大地促进了韩国创意产业的发展。在政府大力扶持下，韩国的文化创意产业发展迅速，游戏软件产业在1998—2001年四年中增长一倍；电

① 胡珊：《日本文化创意产业的发展经验与启示》，载《时代经贸》2008年第6期。

② 佚名：《日本文化创意产业发展现状》，http://www.chuban.cc/gj/rh/tj/200905/t20090514_48389.html。

影出口在1995—2001年六年中增长近50倍。尤其是数字内容产业已经超过传统的汽车产业，成为韩国的第一大产业。2005年韩国游戏产业市场规模达到43亿美元，其中网络游戏已经成为游戏市场的主导。目前，韩国占世界游戏市场的5.3％，其中网络游戏占31.4％，手机游戏占13.3％，PC游戏占2.3％，电视游戏占1％。[①] 据资料统计，2004年，韩国的文化产品已经占世界市场份额的3.5％，成为世界第五大文化产业强国。韩国的影视作品，游戏产品、动漫产品及广告等产品的出口量不断增加，尤其是在具有相似文化背景的东南亚地区，更是获得了广大消费者的认同，刮起了强烈的“韩流”。而且“韩流”从最初的影视及音像制品不断的蔓延到服装及其他制造业。“韩流”文化产品出口不仅为韩国赚取了大笔外汇，更为国家形象的提升立下了汗马功劳。

（三）新加坡

20世纪60年代以来，新加坡一直靠传统制造业和服务业的投资来引领经济的发展，并因此获得了经济的繁荣。但是随着知识经济的到来，这种经济增长方式显然无法适应未来经济发展的需要。新加坡政府意识到未来经济的增长必须是依靠人的创造力和想象力。在这样思想意识的引导下，新加坡信息通讯艺术部积极响应“经济评估委员会（简称ERC）”关于将新加坡建设成为一个多样化的、倡导性的、全球化的经济体的号召，带头提出创意产业发展战略，ERC甚至将创意产业列为除教育与保健之外，新加坡要大力促进的三大新兴的、最具发展前途的服务业。新加坡政府不但从战略层面上加强对创意产业的认识，还成立了专门的创意工作小组，用来分析创意产业的发展现状及政府应该采取的政策。创意工作小组在2002年公布了要把新加坡建成一个全球文化和设计业中心的报告。新加坡创意产业发展的重点集中在艺术、设计、软件、广告、室内设计、媒体、产品等领域。据2003年公布的一份由新加坡信息通讯艺术部创意产业战略启动、由有关经济学家和咨询人员完成的研究报告《新加坡创意产业的经济贡献》：2000年新加坡创意产业增加值占GDP的1.9％，约为29.8亿新币。如果算上分销产业，那么新加坡创意产业的总产值约为50亿新币，约占GDP的3.2％；新加

---

① 佚名：《创意产业在美、英、韩、加的现状和发展》，http：//artbank. people. com. cn/GB/209286/14170072. html。

坡的创意公司有 8000 多家，吸引创意从业人数约为 4.7 万人，约占总就业人口的 2.2%，另外分销方面有 3.2 万从业人员，也就是说，创意产业总从业人数达到 7.9 万人，占总就业人口的 3.8%。

三 中国创意产业发展的状况

中国是亚洲国家中较早意识到创意产业重要性的国家。早在 2001 年，上海市就提出了《上海文化发展蓝皮书：上海文化创新与城市发展》，2002 年，中国社会科学院提出《2001—2002 中国文化产业发展报告》，这是国内较为完整的创意产业报告。随着中国改革开放的逐步深入，在国力不断增强的同时，中国与世界各国的文化交流也日益频繁。作为历史文明古国和现代新兴国家，中国文化吸引了世界各国的重视和关注，在民间也形成了国外民众追捧中国文化的新潮流，使中国文化外贸发展的条件日臻成熟、氛围日益浓厚。值得一提的是，近年来，中国国内文化创意人才增长迅猛，越来越多的人热忱地投入到文化创意产业的创业中来，所有这些都进一步夯实了中国文化创意产业发展的社会基础。2009 年，政府出台了一系列政策，不遗余力地支持文化创意产业的发展。在这样的政策环境、经济环境和社会环境共同作用下，中国创意产业在近几年来驶入快车道，产值逐年大幅度攀升，平均年增幅超过 17%（高出同期 GDP 增速 10% 左右），不仅远远高于传统产业的增速，而且还高于其他诸如电子信息产业等新兴朝阳产业的增长速度。截至 2009 年，文化创意产值在区域 GDP 占比超过 5% 的省市有北京、广东、上海、云南、湖南等，在这些区域，文化创意产业跃然列居本省市经济发展的战略支柱和新的经济增长点。同时，文化创意产业在促进本地就业、出口和税收方面也成绩斐然。从就业规模来看，2008 年文化创意产业解决的就业人口高达 1200 万，而这一数字在 2001 年时仅为 145 万。另据联合国发布的《2008 创意经济报告》，中国创意产品在 2005 年的出口额高达 614 亿美元，在创意产品的生产和出口方面位居全球第一。2005 年中国文化产业贡献的利税达 500 多亿元。

中国地域辽阔，每个地方都有自己独特的文化特点，所以创意产业的发展也多以地区和城市为主体，呈现出百花齐放、百家争鸣的态势。在经济发展基础好、资源丰富、消费者购买能力强的地区，创意产业已经成为该地的支柱产业。在一些文化底蕴浓厚的城市如杭州、南京等地，依托该地的历史文化特点，纷纷打造“文化名城”、“创意之都”。目前，中国创意产业的发展呈现出三个梯队[①]：北京、上海为第一梯队，二者利用全国领先的经济优势，结合当地的文化特点，引领着中国创意产业的发展；第二梯队包括广州、深圳、杭州、成都、南京、天津等省会城市或者经济发展快速的城市，这些地区充分利用了该地的区位、民族、文化优势，紧随第一梯队，成为中国创意产业的中坚力量；其他城市则为第三梯队。此外，中国的香港、台湾、澳门地区的创意产业发展势头也很猛，甚至在某些方面强于内地。

（一）北京创意产业

北京作为中国的首都，集政治中心、文化中心和国际交流中心于一身。北京有着3000多年的悠久历史和850多年的建都史，是世界历史文化名城和中国四大古都之一，更是中国发展创意产业的重点城市之一。为了促进创意产业的发展，北京市政府颁布了一系列创意产业领域的政策法规，为创意产业的发展提供了指导思想和发展方向。2006年和2007年，北京市政府为了促进创意产业的发展，颁布了一系列创意产业领域的政策法规，这些政策涉及人才规划、资金资助、税收优惠、市场准入、服务平台搭建等宏微观方面。2006年，北京市发布了《北京市促进文化创意产业发展的若干政策》和《北京市文化创意产业投资指导目录》，为创意产业发展确定了基本框架，并在2006年底出台了一系列的配套政策，而在2007年北京市又出台了35条创意产业政策，部署了创意产业的主要任务，并制定了相关保障措施。在这些政策的带动下，2006年12月14日“北京市第一批文化创意产业集聚区”共授牌10个集聚区，包括：北京数字娱乐产业示范基地、中关村创意产业先导基地、北京798艺术区、国家新媒体产业基地等。2008年4月15日北京市文化创意产业领导小组宣布，北京市文化创意产业集聚区再添11个，总数达到了21个。之后北京文化创意产业集聚区再添9个新成员，北京市市级文化创意产业集聚区数量已达30家。2004—2009年，北京市文化创意产业增加值从573亿元增加到1489.9亿元，占地区生产总值的比重从9.5%提高到了12.3%。六年间，文化创意产业现价增长160%，明显高于同期GDP现价增长101%。目前，新闻出

① 杨永忠主编：《创意产业经济学》，福建人民出版社2009年版。

版业是北京创意产业中综合发展状况最好的门类之一，经营收入、增加值位居首位，资产总量、劳动生产率居于第二位。演出业是北京创意产业中最具特色的产业门类之一，而文物经营、旧货市场、文物拍卖已经成为北京创意产业的重要组成部分。目前文化创意产业已成为第三产业中的第二大支柱产业（仅次于金融业）。未来北京将影视业、出版业、演出业、艺术品经营业、动漫与网络游戏等六大创意产业门类当做发展重点。

（二）上海

作为中国第一大城市，上海的经济发展有目共睹，上海现在已经成为一个国际化大都市，全球重要的经济和贸易中心。随着经济的快速发展，上海的创意产业也进入了高速发展期。上海的创意产业主要包括研发设计、文化艺术、建筑设计、咨询策划和时尚消费等几大类。上海市政府为加快产业结构升级，转变经济增长方式，大力发展和培育创意产业，制定了《上海创意产业“十一五”发展规划》。该规划明确了上海创意产业发展的方向和重点。上海创意产业将加快推进产业集聚区建设作为发展重点，并积极发挥政府、企业和非政府组织的积极作用，共同推动创意产业的发展。根据该规划，上海将在2015年前建成亚洲最有影响力的创意产业中心，并用20年的时间和伦敦、纽约等城市并列全球创意产业中心。目前，上海现有的75个创意产业区覆盖了娱乐、美术工艺、博物展示、设计装潢等众多行业。吸引遍布30多个国家和地区的3500多家企业以及2万多工作人员，上海创意产业以年均16%—17%的速度增长，年产值约占上海GDP的6%—7%左右。2004年，上海网络游戏实现销售收入达18.1亿元，约占全国网络游戏总收入的73%，对相关产业的带动率高达1:8，目前上海已经成为全国网络游戏出版、运营的产业高地。2006年，上海创意产业创造的总产值高达2291.71亿元，增加值为674.59亿元，成为上海经济增长的重要新兴产业之一。2010年，为期184天的上海世博会的召开，更是带动了上海的旅游、交通、餐饮等产业的快速发展。据世博会官方资料显示，世博会旅游给上海带来的直接经济收益超过800亿元。世博会的门票净收入有93亿元，特许商品的销售净利润超过300亿元，有7308万的观博者，而这些观博者中，72%左右的人来自上海之外，带来消费总额超过263亿元。世博会产生了很多的亮点和创意，这些丰富多彩的创意，为创意产业如何顺应消费者需求的变化，提升产品价值，实现经济转型提供了有益的启迪。

（三）广州

作为千年商都及中国改革最早的城市之一，广州的经济发展在全国都取得了领先的地位。广州都市圈是中国最大的经济体，广州影响力早已辐射全国、辐射世界。由于毗邻港澳，利用区位优势，广州通过近二十多年的积累，率先整合了时尚产业资源。目前，时尚产业已经成为广州创意产业中最为重要的组成部分，联系着各行各业的创意资源和创意力量。目前，广州已经成为中国时尚的代表，是中国时尚力量的来源。这些都是与广州悠久的时尚文化、繁荣的经济、强大的产业支持以及都市圈的核心地位密不可分的。广州大都市圈时尚产业链已非常完整，涉及女装、男装、牛仔、休闲装、羊毛衫、内衣、婚纱等纺织服装领域，以及珠宝首饰、鞋业、皮具、美妆等时尚产业，这样完整的时尚产业结构在全国是唯一的。专业市场布局合理，既有众多的批发市场，有时尚品牌市场、也有时尚的零售市场，在广州，可以买到想要的任何东西。广州大都市圈的时尚人才也已经形成体系，以服装设计师为中心，珠宝首饰设计师、鞋业皮具设计师、摄影师、形象设计师、时尚评论员、品牌策划专家等形成了一个完善、多层次的时尚人物群体。目前，在全国各地的零售商场，60%以上的时尚品牌来自广东，全国批发市场，70%以上的批发品牌来自广东，广东的时尚品牌能在市场中立于不败之地，正是因为其特有的市场竞争力。在广州大都市圈已经形成了一股强大的时尚力量，南国时尚人物不仅形成了群体化的趋势，而且时尚群趋于年轻化，专业水平高。在广州大都市圈从事时尚设计的人数大概有10万左右，而从事形象设计的人数也有5000人，从事时尚摄影、时尚媒体工作的人数也很多，在全国名列前茅。

除了时尚产业，广州还将软件和动漫产业作为广州未来发展的重点，并出台了一系列政策用于专门扶持网游动漫产业的发展。广州已经成为国家网络游戏和动漫产业的四大发展基地之一，其动漫网游产业在全国一直处于领先地位，2005年，广州网游动漫产值高达47.5亿元，年增长超过50%。2006年，仅网易、光通、世纪龙三家企业的网络游戏产值，就占到全国的30%。作为国内领先的原创漫画领域的龙头企业，漫友文化在漫画书刊市场占据超过30%的市场份额。

随着经济的发展，广州创意产业的发展也进入了快速发展时期，并在产业结构调整升级中发挥着越来越重要的作用。

（四）其他地区

除了北上广地区，中国其他地区纷纷意识到创意产业在经济发展中的重要地位，并结合本地区的特点，加快创意产业的搭建和发展。

杭州借力该地区旅游优势，发展休闲产业，2006 年“杭州世界博览会”的召开，充分地展示了杭州休闲产业的巨大发展空间。除此之外，杭州着力打造“中国动漫之都”，2006 年生产能力达到 1500 分钟以上的动画制作企业有 10 家，可以自主研发、运营的企业也占到了 20 家，初步形成动漫加工、研发、制作等一体化的产业链，逐渐从代工生产向自主原创转型。为了吸引创意人才，杭州从 2003 年起专门打造了 LOFT49，吸引了一大批国内外的设计公司进驻，逐渐形成了创意企业聚集区，成为杭州文化标志之一。

长沙地区的居民在文化消费方面的氛围带动了长沙创意产业的发展，有资料显示，长沙市民每挣 10 元钱，就会拿 7 元钱用于文化消费，影院、剧场、酒吧等文化市场异常火爆，成为长沙的独特表现。目前长沙已经在媒体传播、文化娱乐、影视制作、卡通动漫、文化旅游等方面发展迅猛，其电视娱乐还带动了上游制作的创意产业链。据资料显示，2006 年长沙创意产业相关行业共实现产值 360 亿元人民币，增加值达 170 亿元以上，占长沙市 GDP 的 10%，是湖南文化总量的“半壁江山”。

天津市依托丰富的历史自然文化和工业遗存建筑资源，以及滨海新区先行先试的政策优势，重点发展动漫、网游、传媒、艺术、演出娱乐、影视音像、出版等文化创意产业，打造中国北方文化创意之都。据资料显示，截止到 2009 年，天津市拥有 1.1 万个文化创意产业注册单位，从业人员已达 23 万人，资产总额达 1100 亿元。

除以上城市之外，深圳、苏州、青岛等地均依据本地特色努力打造能够发挥地方优势的创意产业。放眼现代世界经济与文化的发展趋势，创意产业的形态具有高整合、高附加以及高度知识密集的独特性，对于当前以及未来中国的全面、可持续发展将具有越来越重要的作用。

四　创意产业在经济中的作用

创意产业之所以获得世界各国各级政府及理论界的关注和热捧，这是和其在经济中的重要地位和作用不可分开的。

首先，发展创意产业，能够有效带动相关产业发展，促进传统产业升级。创意产业充分融合了经济、文化、科技等多种元素，除了其自身能耗低、综合效益高、可以容纳大量就业的巨大优势之外，还可以把高科技带入传统产业，并进行融合、渗透，助力传统产业转型和升级，从而带动传统产业的可持续发展。中国当前正面临着制造业转型、服务业升级等重要任务，发展创意产业显然对于实现这样的任务意义深远。创意产业的科技文化引领功能作用于各个产业，是各个产业未来发展的源头。

其次，发展创意产业，能够优化产业结构，促进经济发展方式的转变。创意产业是一个新型产业，它主要依赖文化、科技和人力资本的投入，而传统产业则主要是依赖原材料、能源等资源投入获得收益，在这方面二者有很大区别。随着经济的发展，廉价劳动力、资源消耗等原来劳动产业发展的因素已经无法继续引领经济前进，“创新”、“创造”成为未来经济发展的主要动力，这样就把以创新创造为主体的创意产业推到了时代的前沿。在国民经济体系内着力提高创意产业的占比，显然有助于降低能耗，提高经济附加值，最终对国内产业结构优化、转变经济发展方式有重要意义。

再次，发展创意产业，有助于稳定经济，降低整体经济的波动性。创意产业的一个显著特点就是其很好的发展稳定性，尤其在经济大环境不景气时期，它受经济波动的影响相对较小，这一点凸显出相对的产业优势。实践证明，虽然 2008 年的全球金融危机影响了各国的整个经济实体，但是对于不同的产业影响程度是不一样的，厉无畏在中国北京文化创意产业博览会主办的“中国文化创意产业投资论坛”上引用了美、日、韩三国文化创意产业在经济危机中逆市而上的案例，指出 1998 年的亚洲金融危机直接刺激了日本、韩国的文化产业发展；而在美国经济最糟糕的 1929 年，好莱坞举办了第一届奥斯卡颁奖礼，每张门票售价 10 美元，至今已成为在影响力和商业效益方面最成功的电影节庆。由此，他提出了“创意产业是经济寒冬中的暖流”的观点。[①] 而在金融危机时期从北京、上海、深圳等地的投资和收益总体情况来看，也是文化创意产业的投资及收益所占的比重较大，远远高于整体经济情况。2006—2009 年，北京市文化创意产业增加值年均增长 21.9%，[②] 金融危机并没有减低文化创意产业发展的速度。通过数据我们可以看出文化创意产业在经济危机时期所显示出来的逆市发展效果。

最后，创意产业的发展水平是体现国家发展的重要指标。

在当今开放的国际环境中，文化创意产业已经不仅仅是具有经济特点的一般的产业形态，也作为包括文化软实力在内的综合实力竞争的重要载体而存在和体现。富有活力、魅力和国际竞争力的文化创意产业，往往比一般的制造业和服务业更能集中体现国家和城市的特点，更能增强经济的竞争力、社会的稳定力和文化的影响力。由于这个原因，文化创意产业的发展水平，逐步成为世界公认的衡量现代化进程和经济社会活力及质量的重要指标。

基于创意产业的重要作用，其越来越受到世界各国的高度重视，包括中国在内的世界各国纷纷加快了创意产业的战略制定和发展步伐，将创意产业作为未来的主导产业进行发展。

第二节　概念界定

一　创意与创意产业

(一) 创意的含义

创意是人类所特有的一种思维活动。创意来源于人们的心脑，常常表现为对事物具有超前性、高瞻性、新颖性、创造性等方面的认知和创造。按照《朗文当代英文辞典》的解释，创意一词本意是指“原创性、独特性、创造力”的意思。

创意的本质是思想的创造，即根据一定的目的和任务，运用已知条件，产生出新颖的、有价值的精神成果。国内学者段轩如将创意定义为

---

① 厉无畏：《创意产业是经济寒冬中的暖流》，http://finance.sina.com.cn/hy/20081217/15505649249.shtml。

② 佚名：《文化创意产业成为北京市第二大支柱产业》，http://news.sohu.com/20110206/n279228260.shtml。

“人们行为中产生的思想、点子、立意、想象等具有创新性的思维成果。创意思维就是以新颖形象的方法解决问题的思维过程，也是一种创造新事物或新形象的思维形式”①。创意相伴人类而生，是人类之所以区别于动物的一个重要特点。动物捕食、筑巢、迁徙等一系列行为都是出于生物的本能，人类却可以将“创意”思维运用到日常行为中，并以此改造生活的环境。闻名世界的八大奇迹（埃及金字塔、亚历山大港灯塔、爱琴海太阳神像、奥林匹亚宙斯神像、阿尔特米斯月神庙、摩索拉斯陵墓、巴比伦空中花园和秦始皇兵马俑）就是数千年历史中人类创意的成果。工业革命之后，人类的生产技术得到迅速提高，各种新产品更是层出不穷，航天飞机、核潜艇、计算机……这些产品无一不体现着人类的创意。

人们不仅用创意改造着周围的生活环境，也不断用创意改造着自己认识世界的能力。蛮荒时代，人类难以理解自身的起源，也无法解释种种自然现象，于是创造了各种神话传说，女娲、亚当夏娃、雷公电母，这些都可以看作早期的人类创意。随着人类的发展和科学的进步，人们发明了微积分、力学定律、相对论、元素周期表等，这些发现被运用到生产中，不仅大大提高了生产效率，也极大地丰富了人类的物质生活。

由此可见，创意不仅是一种精神活动，更是一种生产力。随着社会经济的发展，人们逐渐发现，创意的产生更多是人们的想法与文化艺术和科技相结合的。任何一种创意和创新活动都必须基于一定的文化背景，并在文化基础上运用想象力和灵感，并结合技术对于文化资源进行再升华和改造。当然，创意活动并不是对传统文化进行简单的复制。在这样的认识基础上，创意应该包括两个大的组成部分：一是文化创意，也就是运用文化对于产品和服务进行打造，将文化因素结合进去，从而提高产品和服务的附加价值，让消费者感受产品或服务的与众不同。文化创意通常是通过观念、情感和品位的传达，赋予产品和服务某种特殊的文化含义；另一部分是科技创意，这部分创意则是通过改变生产工艺来降低物料消耗，提高产品的生产效率，从而改变产品和服务的功能，这种创意往往需要借助于产品的版权或者专利权来对其进行保护。科技创意是文化创意的先导，科技创意提高效率，使得物质产品日益丰富，经济发展水平提高，人们的收入水平随之得到改善并对物质的追求

① 段轩如：《论外部环境对创意思维的影响》，《广西社会科学》2002 年。

从功能享受转向观念享受，也就是对于产品的文化内容开始进行追求，所以说科技创意为文化创意提供了市场需求基础，而文化创意则满足了科技创意对于内容的需求，二者之间相互影响。发展创意产业要以科技创新为基础，以文化创意为内容要素。①

从经济学角度来看，创意最初是通过人的脑力活动产生的、在不同载体之中蕴涵着的、一种追求价值增值的资本，并不具有现实的产业形态存在。随着人类社会的发展，社会分工的深化，人类的物质需求得到满足，温饱问题得以解决，精神需求越来越得到重视，创意资本不再局限于特定产业内的自我供应，市场中与创意相关的应用和需求不断增长，创意产业开始形成。

（二）创意产业的含义

“创意产业”最初是以“文化创意产业”的名义出现在20世纪三四十年代法兰克福学派成员对大众娱乐的批评中。1947年，西奥多·阿多诺和马克斯·霍克海默在《启蒙的辩证法》中提到了“文化工业”的概念。但当时他们对这一概念是持否定的态度的。Walter Benjamin提出了“艺术和技术进步为民主和解放提供机会的前提”的理论，这才肯定了文化创意产业的作用。

1997年，英国首相布莱尔设立“创意产业特别工作小组”，以期运用创新来推动本国经济的恢复发展，并在1998年出台的《英国创意产业路径文件》中正式提出了“创意产业”的明确概念，用以指导经济领域的企业个体通过对知识产权的开发活动，去创造财富、就业、并获得发展动力，在该文件中，创意产业被定义为“那些源自个人的天分、技能和创造力，利用知识产权的开发和运用，具有就业和创造财富潜力的行业”。并且将创意产业分类成涵盖广告、建筑、艺术等在内的13类业态，这成为后来其他国家创意产业研究和制定分类体系的基础。

2000年之后，对创意产业的研究成为一个潮流，短短的几年里便取得了丰硕的成果。其中最有代表性的人物是文化经济理论家理查德·凯夫斯和约翰·霍金斯。凯夫斯认为，创意产业提供的产品和服务是与文化、艺术或娱乐的价值相联系的，包括：绘画、雕刻等视觉艺术；戏剧、舞蹈、歌剧、音乐会等表演艺术；书刊出版；电视电影；音像制

① 张京成：《中国创意产业报告》，中国经济出版社2007年版，第70页。

品；时尚玩具；网络游戏；等等。凯夫斯为抓住创意产业的特性，对非营利和商业环境中的文化产业组织进行了系统研究，提供了一条假想通道，同时他发现，创意产业经济活动会面对一些特殊限制，主要体现在文化产品的供求及价格方面。霍金斯则认为，创意产业产品所属的经济部门，都在“知识产权法”的保护范围之内。这个定义出现在他的《创意经济：如何点石成金》一书中。他认为知识产权可以分成四类：专利、商标、版权、设计。每类都有独立的管理机构和法律实体，都要求保护其类属下的创意产品。他认为，知识产权法管辖下的每类形式下面，都相应存在着庞大的工业体系和部门，汇总起来看，这四类庞大的工业所组成的产业集团和产业经济，就汇聚成了创意产业和创意经济。根据这个定义，创意产业便实际组成了占据国民经济相当大比重的市场经济部门。比如，仅针对书籍、音乐、电影等版权产品的出口收入，就已经超过了诸如服装、汽车等重要的制造产业。

由于各国文化经济发展水平的不同，所以对于创意产业的认识也不尽相同，故目前还没有公认的创意产业的界定标准，世界各国对创意产业所包含的内容的规定也各不相同。甚至在一个国家内，不同地区对创意产业的界定也不完全相同。以英国为例，英国对创意产业的界定以凯夫斯的研究为指导，创意产业（Creative industries）主要包括出版、设计、广告、音乐、建筑、表演艺术、广播电视、电影、游戏软件、艺术品、手工艺品、古董交易、时装在内的 13 种行业。而美国对创意产业的界定更加符合霍金斯的观点，认为创意产业就是知识产权的相关产业。

中国不同地区由于经济发展程度的不同，对创意产业的外延界定有所不同。如上海将创意产业分成五大类：研发设计创意产业、建筑设计创意产业、文化艺术创意产业、咨询策划创意产业和时尚消费创意产业，并分别进行了更细的归类和划分。本书对文化创意产业的定义，采用的依据是 2011 年北京市统计局颁发的《文化创意产业分类标准》。这是在 2008 年《北京市文化创意产业分类标准》基础上的修订版。这个标准为北京文化创意产业明确各个产业的属性、制定各项政策，为统计部门核算北京文化创意产业 GDP 提供最权威的依据。新标准对“文化创意产业”的定义是：“以创作、创造、创新为根本手段，以文化内容和创意成果为核心价值，以知识产权实现或消费为交易特征，为社会公众提供文化体验的具有内在联系的产业集群。”另外，相对于国家统计局对文化产业定义的标准（文化和经济的融合），北京市对文化创意产业的关注领域，还体现在科技对文化、经济活动所带来的潜在影响方面，强调文化、经济、技术三者要深度融合。因此，北京文化创意产业的范围更加广泛，涵盖了文化产业、科技创新活动的全部内容。

依据北京市统计局对文化创意产业的定义，结合文化创意产业重点发展方向，北京市将《国民经济行业分类》中的 82 个行业小类和 6 个行业中类纳入北京市文化创意产业范围，并建立了由三个层次组成的分类体系。根据文化创意活动的特点，北京市文化创意产业主要包括九个大类：文化艺术；新闻出版；广播、电视、电影；软件、网络及计算机服务；广告会展；艺术品交易；设计服务；旅游、休闲娱乐；其他辅助活动。[①] 具体分类见表 1－1：

表 1－1　　**北京市文化创意产业分类表**

类别名称	国民经济行业代码
第一部分　文化服务	
一、新闻服务	
1. 新闻服务	
新闻业	8810
二、出版发行和版权服务	
1. 书、报、刊出版发行	
（1）书、报、刊出版	
图书出版	8821
报纸出版	8822
期刊出版	8823
其他出版	8829
（2）书、报、刊制作	
书、报、刊印刷	2311
包装装潢及其他印刷 *	2319
（3）书、报、刊发行	

① 北京市统计局，http：//www. stats. gov. cn/tjbz/hyflbz/xgwj/t20040518_ 402154090. htm。

续表

类　别　名　称	国民经济行业代码
图书批发	6343
图书零售	6543
报刊批发	6344
报刊零售	6544
2. 音像及电子出版物出版发行	
⑴音像制品出版和制作	
音像制品出版	8824
音像制作	8940
⑵电子出版物出版和制作	
	8825
电子出版物出版	
—电子出版物制作	
⑶音像及电子出版物复制	
记录媒介的复制 *	2330
—音像制品复制	
—电子出版物复制	
⑷音像及电子出版物发行	
音像制品及电子出版物批发	6345
音像制品及电子出版物零售	6545
3. 版权服务	
知识产权服务 *	7450
—版权服务	
三、广播、电视、电影服务	
1. 广播、电视服务	
广播	8910
—广播电台	
—其他广播服务	
电视	8920
—电视台	
—其他电视服务	
2. 广播、电视传输	

续表

类　别　名　称	国民经济行业代码
有线广播电视传输服务	6031
—有线广播、电视传输网络服务	
—有线广播、电视接收	
无线广播电视传输服务	6032
—无线广播、电视发射台、转播台	
—无线广播、电视接收	
卫星传输服务 *	6040
3. 电影服务	
电影制作与发行	8931
—电影制片厂服务	
—电影制作	
—电影院线发行	
—其他电影发行	
电影放映	8932
—电影院、影剧院	
—其他电影放映	
四、文化艺术服务	
1. 文艺创作、表演及演出场所	
文艺创作与表演	9010
—文艺创作服务	
—文艺表演服务	
—其他文艺服务	
艺术表演场馆	9020
2. 文化保护和文化设施服务	
文物及文化保护	9040
—文物保护服务	
—民族民俗文化遗产保护服务	
博物馆	9050
烈士陵园、纪念馆	9060
图书馆	9031
档案馆	9032

续表

类　别　名　称	国民经济行业代码
3. 群众文化服务	
群众文化活动	9070
—群众文化场馆	
—其他群众文化活动	
4. 文化研究与文化社团服务	
社会人文科学研究	7550
专业性社会团体 *	9621
—文化社会团体	
5. 其他文化艺术服务	
其他文化艺术	9090
五、网络文化服务	
1. 互联网信息服务	
互联网信息服务	6020
—互联网新闻服务	
—互联网出版服务	
—互联网电子公告服务	
—其他互联网信息服务	
六、文化休闲娱乐服务	
1. 旅游文化服务	
旅行社	7480
风景名胜区管理	8131
公园管理	8132
野生动植物保护 *	8012
—动物观赏服务	
—植物观赏服务	
其他游览景区管理	8139
2. 娱乐文化服务	
室内娱乐活动	9210
游乐园	9220
休闲健身娱乐活动	9230
其他计算机服务 *	6190

续表

类 别 名 称	国民经济行业代码
—网吧服务	
其他娱乐活动	9290
七、其他文化服务	
1. 文化艺术商务代理服务	
文化艺术经纪代理	9080
其他未列明的商务服务 *	7499
—模特服务	
—演员、艺术家经纪代理服务	
—文化活动组织、策划服务	
2. 文化产品出租与拍卖服务	
图书及音像制品出租	7321
贸易经纪与代理 *	6380
—艺术品、收藏品拍卖服务	
3. 广告和会展文化服务	
广告业	7440
会议及展览服务	7491
第二部分 相关文化服务	
八、文化用品、设备及相关文化产品的生产	
1. 文化用品生产	
文化用品制造	241
乐器制造	243
玩具制造	2440
游艺器材及娱乐用品制造	245
机制纸及纸板制造 *	2221
手工纸制造 *	2222
信息化学品制造 *	2665
照相机及器材制造	4153
2. 文化设备生产	
印刷专用设备制造	3642
广播电视设备制造	403
电影机械制造	4151

续表

类　别　名　称	国民经济行业代码
家用视听设备制造	407
复印和胶印设备制造	4154
其他文化、办公用机械制造 *	4159
3. 相关文化产品生产	
工艺美术品制造	421
摄影扩印服务	8280
其他专业技术服务 *	7690
九、文化用品、设备及相关文化产品的销售	
1. 文化用品销售	
文具用品批发	6341
文具用品零售	6541
其他文化用品批发	6349
其他文化用品零售	6549
2. 文化设备销售	
通讯及广播电视设备批发 *	6376
照相器材零售	6548
家用电器批发 *	6374
家用电器零售 *	6571
3. 相关文化产品销售	
首饰、工艺品及收藏品批发	6346
工艺美术品及收藏品零售	6547

以北京市文化创意产业分类标准为基础，结合当下各种主流观点，本书认为，创意产业并不是作为一个独立的主体而存在和运营的，从创意对经济影响的角度看，创意产业包括两个部分，一部分是创意的产业化，也就是说将创意产品单独的作为市场运营的一部分来发展，作为一个产业来经营，如广告业、传媒业、动漫产业等；另一部分是产业的创意化，新时代经济的发展，创意所发挥的作用越来越大，原有的产业要想获得更多的附加价值，必须在旧有的基础上增加创意成分，这就是产业的创意化。以上两部分共同构成了创意产业的总体，单独谈一方面都不能确切地概括创意产业，必须要将两部分结合起来才能够全面地领会

创意产业的作用和价值。

创意产业的发展，提高了传统产业的附加值，使传统产业重获生机；作为第三产业的重要组成部分，其发展也大大提高了第三产业在整个国民经济的比重，从而促进了产业结构的优化和升级。

二　产业结构升级

产业结构的思想最早见于威廉·配第（Willian Petty）的《政治算术》（1672）一书。配第发现，制造业比农业能够得到更多的收入，当时的荷兰由于大部分劳动力从事制造业和商业，其人均国民收入要比其他从事农业和工业为主的欧洲大陆国家高得多。配第指出，世界各国国民收入水平的差异和经济发展的不同阶段的关键原因是产业结构不同，这一规律被后人称为配第定理。

英国经济学家费希尔（A. G. B. Fisher）在1935年出版的《安全与进步冲突》一书中首次提出“第三产业”的说法。费希尔以社会发展阶段为依据，以资本流向为主要标准，将人类经济活动的发展分为三个阶段：第一阶段为初级生产阶段，称之为第一产业，人类的主要生产活动是农业和畜牧业；第二阶段为工业生产阶段，开始于英国工业革命，以机器大工业的迅速发展为标志，纺织、钢铁及机器制造业迅速崛起和发展，称之为第二产业；第三阶段开始于20世纪初，大量的资本和劳动力流入非物质生产部门，称之为第三产业，包括商业、金融业、饮食业及科学、卫生、文化教育、政府等公共行政事务。

产业结构理论的真正成型是在20世纪40年代。英国经济学家科林·克拉克在威廉·配第研究成果的基础上，通过计算分析和对不同收入水平下，就业人口在三次产业中分布结构比较分析，印证了配第在1691年提出的由于工业往往比农业、商业往往比工业利润多，因此劳动力必然由农业转向工业，再由工业转向商业的变动趋势。后人把克拉克的发现称之为配第—克拉克定理。

继科林·克拉克（Colin Clark）之后，西蒙·库兹涅茨（Simon Kuznets）、霍夫曼（W. G. Holfman）、赫希曼、罗斯托、钱纳里（H. Cheneyr）等学者用自己的理论体系催生和发展了产业结构理论。

产业结构是指国民经济活动中产业之间形成的技术经济联系与联系方式，产业结构既包括广义的产业间的结构，如三次产业之间的关系，也包括狭义的产业结构，也就是产业内部之间的结构关系，如农业内部各产业之间的关系。产业结构理论认为，一国经济的发展正是由于存在着与之相适应的产业结构，且现有产业结构能够随着经济的变化而不断变动，实现由低级向高级演进的高度化和横向演变的合理化，最终推动了经济向前发展。产业结构的转变一直是经济增长研究中的重要内容，从库兹涅茨提出现代经济增长概念以来，已有大量的关于经济增长与产业结构转变关系的理论和实证研究，这些研究表明，经济发展过程中生产要素会从低生产率部门向高生产率部门转移，从而达到不同部门生产率的平衡以及全社会平均生产率水平的提高。我们将产业结构从低级形态向高级形态转变的这一过程称为产业结构升级。

产业结构升级不仅表现在第三产业比重的增大中，而且表现在各个产业内部结构的演变中，表现为单独的某个产业由低质量特征转向高质量特征，由低水平转向高水平，提高现有产业的国际化水平。例如，在第一产业内部；这种演变表现为种植业比重下降、畜牧业比重提高；在保持和提高森林覆盖率方面日益受到重视的背景下，林业越来越重视生态环境功能，而不再单纯依赖林产品资源的提供。在第三产业内部，这种演变则表现为交通运输业、餐饮业、商贸业等劳动密集型、资本密集型产业的比重逐渐下降，金融业、旅游业、教育业等知识密集型产业的比重逐渐上升。这种产业内部结构的高级化演变过程称为产业内结构升级。

20 世纪 50 年代后，西方国家兴起一场以计算机技术为主的信息革命，这场革命一直持续到 21 世纪，它带给全球的经济冲击是巨大的。计算机相关产业迅速发展，硅谷的崛起不仅书写了一个个知识造富的神话，而且意味着美国经济越来越“轻”，这一过程也就是美国经济实现第三产业内结构升级的过程。比尔·盖茨、乔布斯先后登上全球富豪榜，取代了洛克菲勒的位置，苹果成为全球市值最高的公司，21 世纪这种造富神话还在继续，只不过比尔·盖茨换成了扎克伯格，微软换成了 facebook，但互联网革命不过是信息革命的继续，它们在本质上是一样的：美国的经济向着知识、技术密集型进一步转变。

中国幅员辽阔，是传统的农业大国，工业化起步晚，新中国成立后虽然集全国力量发展重工业，但由于发展目标背离了当时的要素禀赋，结果南辕北辙。改革开放后才找到了实现中国工业化的正确道路。经过

30 多年的发展，中国在工业化方面取得巨大的成就，并在大部分地区实现了工业化，但是与发达国家相比，中国产业结构仍处于较低水平。中国产业结构的低水平不仅体现在第三产业比重低，而且体现在第三产业内结构的低水平。改革开放初期，第三产业主要集中在商贸业、居民服务、交通运输、邮电等传统产业领域。交通运输、仓储业、邮电通讯业在中国第三产业中所占的比重较高，反映的不是中国流通业的发达，而是第三产业内部结构处于较低层次。在产业发展序列上，流通业、商贸业属于第三产业中最早独立化的先行产业，在后发服务业尚未独立或发展程度低下的情况下，商贸、流通业就成为第三产业中比重最大的部门。自 1991 年至 2000 年的十年间，中国第三产业内劳动密集型的营利性服务部门发展最快，资金、技术密集型的营利性服务部门发展较缓，科学研究、教育文化及卫生体育等非营利性服务部门增长最慢。①

改革开放以来，中国凭借廉价劳动力、丰富的自然资源禀赋优势，重点发展劳动密集型、资源密集型产业，这样的产业政策曾经给中国经济带来快速发展，但落后的产业结构也造成了一系列社会问题：工资水平长期低下、资源被掠夺性开采、环境破坏严重，持续这样下去，最严重的后果可能是产业结构长期停滞在低级水平，经济可持续增长受阻。想改变这种过度依赖资源和廉价劳动力的经济结构，提高现有产业结构的水平，就必须要加快技术创新，利用创意因素来改善现有产业，发展知识密集型产业。

创意产业摆脱了对资源和廉价劳动力的依赖，更加注重发挥人的主观能动性和知识创造力。创意产品往往有很高的知识含量，传统产品是以物质存在为主的，创意产品的物质存在往往只是寄生介质，产品价值更多地体现在其文化含义中，创意产品的边际成本极低甚至是零成本，因此，只要具备了必要的知识积累和文化创造，就可以避开资金等方面的限制，发展创意产业，提高产业结构。创意产业还可以通过对所谓的“垃圾”材料——这类材料是传统产业认为不可利用的——进行加工，创造新型产品，从而对原材料资源实现了循环利用，因此创意产业被认为是“绿色产业”。创意产业摆脱了对有限资源的依赖，其发展是一个

① 李江帆、曾国军：《中国第三产业内部结构升级趋势分析》，《中国工业经济》2003 年第 3 期。

可持续的过程，也是第三产业内部的高级化过程，能为国民经济发展不断注入新的活力。

三　要素禀赋

要素禀赋是指某一国家或地区所拥有的各种生产要素的相对份额。一国或地区的生存发展、技术发展和全球竞争优势的确立，都受到该国或地区要素禀赋的深刻影响。

生产要素包括两大类：有形要素和无形要素。有形要素是一个企业要素禀赋的物质载体，是实物形态的要素，主要包括人员、场地、资金、设备、工具，等等，这些要素是企业赖以生存的基础。无形要素主要包括企业文化、管理制度、信息技术，等等，这些都是“非实物形态”的要素。相对于有形要素而言，无形要素通过强化、提高其他要素的禀赋、进而提升企业整体能力。比如：创新工艺、改善流程、改进配方、建立方法、提升技巧；发展并强化有形要素的功能和性能，提高技术含量；提高劳动力，尤其是技术人员的素质和技能，等等。无形要素禀赋的优劣，主要看这些要素在一个企业中的适用度，以及是否能与其他要素进行整合，这才是最关键的指标，而不应只看它的数量和成本。

要素禀赋情况会决定一国或者一个地域产业发展的重点，如日本自然资源禀赋贫乏，所以会在产业发展的重点上选择电子类产品，而中东国家则会重点选择石油开采和加工的产业作为国家的主导产业。随着经济和科学技术的发展，有形要素和无形要素在经济中的贡献率发生了变化，一些有形要素缺乏的国家通过科技突破了资源的限制，利用无形要素带动国家经济的发展，并使得无形要素对经济的贡献不断增强。作为无形要素的一种，文化资源发挥作用的空间非常大，文化资源不断渗透到国家各个产业发展之中，并使得一些国家可以规避资源匮乏的限制实现产业发展的飞跃，像我们上面谈到的英国的创意产业和美国的版权业等，都是基于文化资源而发展起来的。而文化资源不足的国家则只能依靠自然资源禀赋且无法充分地发挥出已有要素的附加价值。所以本书在研究中将把文化资源作为一种重要的生产要素来看待。

四　需求结构

需求结构即购买力结构，是指社会总有效购买力在各产业间及产业内的产品间的分配比例及其变化。需求包括两部分，生产性需求和生活性需求，从生产性需求来看，现代生产已经不仅仅是对资金、劳动、土地等传统要素的需求，在生产中还需要技术研发服务、信息服务、金融服务和物流服务等现代服务体系的加入，缺少这些服务供应厂商就无法顺利完成现代的生产，而这些服务都需要融入创意要素，并且随着社会发展和消费者需求水平的提高，这些需要创意要素投入的服务需求所占的比例有不断提高的趋势。对于生活性需求来说，德国经济学家恩格尔早就论述过，随着居民收入水平的提高，消费者对于食物等基本生活资料方面的需求下降，而对于教育等精神层面产品的需求是不断增加的。消费者随着收入水平的提高，需求逐渐朝着多层次、高水平发展，已经不满足于温饱需求，而是要求在餐饮、服装、休闲娱乐等方面增加创造性元素，提高创意需求的比例。有数据显示，消费者的收入水平越高，对于发展型和享受型产品的需求越高，这种需求结构的变化要求产业结构做出调整，创意产业应运而生。创意产业是文化密集型产业，以文化资源和人力资源为主要投入要素，辅以一定的技术条件，产出文化价值含量高的产品，能够满足消费者对精神层面的需求。

虽然创意产业是经济发展的必然要求，但是创意产业并不能独立存在，其发展离不开其他产业的物质支持，只有在其他产业发展到一定程度，促进整体经济达到一定阶段和水平之后，创意产业才能够得以发展，否则创意产业的发展就失去了需求基础。此外，创意产业的发展也能使其他产业突破既存约束，增加原有产业产品的附加价值，从而使旧产业获得新生。创意产业发展需要两方面的条件：文化资源的积累与科学技术的创新。前者为创意产业提供观念价值的源泉，后者为创意提供物质载体，使创意变为产品成为可能。

五　研究框架

本书共分成六章，各章主要内容如下：

第一章：导论。在这部分本书主要介绍了文章的选题背景，并对相关概念进行了界定，指出了本书的研究方法。

第二章：文献综述部分。该部分从熊彼特的“创造性破坏”理论开始，回顾了创新理论的发展历程，并对创意产业相关研究的理论成果进行了梳理，将创意产业研究的最新进展进行了归纳。

第三章：创意产业发展的禀赋基础。这一部分是研究创意产业发展所必要的供给条件，本书认为创意产业是文化因素和科技因素的有机结合，要想促进创意产业的发展，必须满足创意产业发展的要素基础。文章将创意产业的要素投入划分为三类：创新技术、文化资源和人力资本。

第四章：创意产业发展的市场需求条件。这一部分是研究创意产业的市场需求条件，没有需求的市场注定无法获得发展，对于创意产业也是一样。相关要素的支持是为创意产业的发展提供了供给的可能，只有供给是不够的，创意产业的发展必须获得市场需求的拉动。本章介绍了消费需求结构升级、产品价值构成的演变、产业价值链增值环节的转移和引致需求结构的变迁等内容。

第五章：产业结构升级对创意产业发展的决定作用。这一部分主要是通过数据来对创意产业的发展进行分析。本书在该部分对创意产业在产业间和产业内的分布数据进行了搜集，得出既存产业的内部结构决定了创意产业的分布的结论，并论述了产业结构升级对创意产业发展的决定性作用。

第六章：结论与政策含义。概览全书，得出了创意产业并非是一个或一些独立的产业，而是既存产业的有机组成部分的分析结论，创意产业的发展有赖于创新技术、高级人力资本积累和文化资源投入，并通过这些结论提出了相关政策建议。

六　研究方法

为了更好地分析所要研究的内容，本书采取了以下的研究方法。

（一）定性分析和定量分析相结合的方法

本书将在文化创意产业的概念界定的基础上，对文化创意产业发展的重要意义进行定性的分析。同时，本书收集了大量数据来分析文化创意产业的发展与要素禀赋条件、产业内结构之间的关系，以及创意产业对经济发展的积极作用。

（二）静态分析和动态分析相结合的方法

本书在文化创意产业的研究中，用不同国家的数据比较来分析文化创意产业的地位和作用，也将利用不同年份的数据来看一个国家文化创意产业的发展势头，并且根据经济发展的不同时期来确定文化创意产业的发展战略。

（三）理论研究与政策研究相结合的方法

本书基于传统的产业研究理论进行研究，文化创意产品作为边际成本小而附加值很大的产品，其发展有利于中国产业的优化，而对文化产品的需求按照中国经济发展的情况也是符合恩格尔定律的。本书努力探讨文化创意产业对中国产业结构升级的价值和意义，并结合中国实际来看文化创意产业在中国应该如何发展，希望能对中国文化创意产业政策制定贡献一份力量。

（四）案例研究法

研究中国创意产业发展战略，就要借鉴西方发达国家相关经验，本书中应用案例研究法，分析发达国家在发展创意产业过程中的积极因素以及消极因素，提炼出了应该吸取的经验教训。

七　创新之处

本书在吸收借鉴了若干国内外学者观点的基础上创作而成，并有所创新，创新之处主要有以下三个方面。

（一）重新界定了创意产业

本书在借鉴整合国内外学者和各国政府对创意产业定义的基础上，结合创意产业在中国的发展实践，对创意产业进行了全新定义，对创意产业外延范围进行了科学界定，为制定实施创意产业扶持政策以及更好地促进产业总体发展奠定了基础，提供了依据。

（二）将创意产业的发展建立在创新技术、人力资本积累、文化要素投入和消费需求结构升级的基础之上

本书将文化资源作为创意产业的生产要素进行研究，认为创新技术、人力资本和文化资源三者是创意产业的必要投入，以上三种投入要素与消费需求结构升级共同构成了创意产业发展的基础。

（三）从产业内结构升级的角度理解创意产业的本质

经济结构的发展不仅仅是指产业间的结构优化整合，更需要每个产业内部进行优化升级。创意产业正是在每个产业为了促进自身飞跃发展的目的下获得快速前进的。这说明创意产业不仅仅是作为独立的一个产业而存在，它存在于传统的产业内部，是既有产业的组成部分，与既有产业密不可分，产业内结构的升级带来了创意产业的快速腾飞。

第二章　文献综述

第一节　创新理论的早期研究成果

创意产业从技术层面上来看，是一种创新。从产业经济的角度划分，以往研究创新的相关文献可以归纳为三方面内容：一是对于创新规模的研究，比较不同规模创新对经济增长的影响；二是研究创新的激励，从创新的动力开始研究基于技术进步的创新，以研究产业组织对技术变革和技术推广的影响为对象的技术创新经济学；三是研究创新的制度，从创新环境研究基于制度条件的创新，通过制度环境的变化来促进技术创新。

一　创新规模的研究

约瑟夫·熊彼特是将创新引入经济领域的第一人。人们对创新概念的理解最早主要是从技术与经济相结合的角度，探讨技术创新在经济发展过程中的作用。基于此，熊彼特把创新定义为执行一种新的组合，建立一种新的生产函数（SchumPeter，1912）。熊彼特认为，原材料和力量的“新组合”可能通过小步骤的不断调整从旧组合中产生，如果这种“新组合”只能带来经济增长，却不产生新现象，这种“新组合”也不是创新。只有当“新组合”是间断地出现并且伴随有新现象的时候，这种“新组合”才是创新。所谓“经济发展”就是指整个资本主义社会不断地实现这种“新组合”，或者说资本主义的经济发展就是这种不断创新的结果；而这种“新组合”的目的是获得潜在的利润，即最大限度地获取超额利润。熊彼特提出，“创新”是资本主义经济增长和发展的动力，没有“创新”就没有资本主义的发展。他将创新进行了归纳，进一步地总结创新可以包括五个方面的内容：产品创新、技术创新、市场创新、资源配置创新、组织创新，部分的狭义的制度创新可以归到组织创新中。

第二次世界大战之后，许多著名的经济学家研究和发展了熊彼特的创新理论。如英国技术创新专家弗里曼在20世纪80年代继承并发展了熊彼特的创新理论，他将工业创新（技术创新）分为四个层级：渐进性创新、根本性创新、新技术体系、技术革命。类似的，多西也将创新分为四类：增量创新、基本创新、技术体系的变革、技术经济模式的变革（Dosi，1998）。其中增量创新是指每天都会发生的低级别创新，它对周期的影响不大。后三类创新级别较高，不连续发生，但是会对经济周期产生重大影响。

近来的研究倾向于从渐进性创新和突破性创新两方面来对创新规模进行研究。James March对这两者的界定依据是是否采用了新技术，渐进性创新意味着利用已有技术扩展现有产品或工艺，而突破性创新意味着采用新技术，即意味着有一些新东西，包括新产品、新工艺或者是二者的结合。渐进性创新充分地利用和发挥已有的技术潜能，不对现有产品进行大幅度的改变，这种创新能够很好地利用公司现有的一些优势，特别是公司的组织能力，而对公司的规模大小、技术能力高低等方面要求较低（Nelson and Winter，1982）。突破性创新与此相反，这种创新的建立需要以一整套不同的科学技术原理为基础，它往往能够打开一个全新的市场和发现开发潜在的应用（Dewarand Dutton，1984），但突破性创新对于一个成熟的企业来说也是非常困难的事情，因为已经形成的企业组织调整面临着巨大的成本，想要进行创新非常困难（Nelson and Winter，1982）。但突破性创新会使企业不断产生新的问题，且这种创新能够利用新的技术成果和突破性的商业策略来找到解决问题的新途径（Burnsand Stalker，1966），突破性创新在产品经营领域，会提出全新的产品概念，并会对产品主要核心部件之间的链接进行重大调整，这为新企业成功进入市场提供了可能，并可能因此而导致整个产业的重新洗牌（Henderson R & Clark KB，1990）。

Richard Leifer和Christopher M. McDermott等人对突破性创新的界定在创新研究理论界有相当的影响力。在他们的著作*Radical Innovation——How Mature Companys Can Outsmart Upstarts*（2000）中，他们认为突破性创新应该满足以下条件之一：（1）产品表现出全新特色；（2）

产品现有功能指标有至少 5 倍以上的提高；（3）产品成本降低显著(至少 30%)。

渐进性创新虽然不能在短期内带来显著性的增长，但是随着时间的推进，这种创新将逐渐产生巨大的累积性效果（Tushman and Anderson 1986)，由于突破性创新面临的巨大风险与困难，所以大多数公司的经营者在创新中更倾向于采取渐进性创新模式。Lisa Carter 等人通过北美地区公司的调查发现，直到 20 世纪 80 年代初期，这些公司的管理者中有超过 63% 的人不愿意承担破坏性创新的风险，而更满足于充当创新的追随者。更多的实证研究表明，随着国际经济一体化程度的加深以及科学技术水平的不断进步，渐进性创新已经无法帮助企业获得更多的竞争力，当携带着突破性创新成果的竞争对手出现在市场上的时候，已有成熟型的大公司将无法应对并可能在竞争中落败，丧失其原有的市场地位。

突破性创新是一种不连续的创新，这种创新更加强调创新结果，(PerryGlassr，1999)；突破性创新不会按照企业当前的主流客户需要而进行创新，所以短期当中无法满足用户的现实需求，特别是在发展初期阶段，突破性创新在产品技术性能上常常会表现为低于原有技术产品，但是以后会迅速赶上并超越现有技术，很快替代原有技术（CM Christensen，1997)。因此，突破性创新才真正是熊彼特意义上的创新，而渐进性创新并没有实现真正的突破，只在短期发挥效应，是传统创新的结果。

当前学者对于创新的研究更多集中于对技术创新领域。随着经济的发展，产业结构不断升级，服务业在国民经济中所占的比重越来越大，逐渐成为当今世界经济的主流，对经济社会的发展起着举足轻重的作用。但目前理论界对服务业创新的研究相对缺乏。

二　创新的激励

创新理论源自对于经济增长的研究，熊彼特认为将创新引入到生产体系的目的是为了获得利润，而为了获得利润，企业家的职能是不可或缺的。熊彼特把创新归为企业家的职能，强调“企业家精神”，认为企业家就是为创新而生的，企业家的核心职能不是经营或管理，而是看其是否能够执行这种“新组合”，也就是能否具有创新精神。从这一点看，科学家、工程师、技术员、其他管理人员都是和企业家不同的人员。企业家的创新精神是整个经济发展的根本动力。为了激发企业家的创新，必须要提供孕育企业家成长的土壤和环境，为企业家的发展扫平道路。

资源约束的问题是人类在经济发展过程中不可避免遇到的问题。在土地及其他资源既定的情况下，单纯依靠资本的不断积累以及劳动投入的持续增长最终会出现边际报酬递减（Ricardo，1817）。Harrod（1939）及 Domar（1946）认为，一旦经济脱离了理想的增长状态，就会长久地处于一个不稳定的萧条状态中。Solow（1957）则认为外生技术进步在对经济增长的影响方面起到了决定性的作用。如果技术的连续进步缺乏，资本的边际报酬递减，人均增长将会下降并最终停止；而如果存在和技术的连续进步，经济体系将保持一个持续的增长，人均产出会达到一个稳定的状态。所以，单纯从动力和能源上寻求突破的经济增长模式将无法持续下去，并最终会使经济走向衰退，进而出现经济的周期性波动。

熊彼特（1912）认为，消费者的需求不是创新的主要推动力，而追求企业生存和发展的动力，也就是对利益的要求才是创新真正的推动力。埃弗雷特·M. 罗杰斯（1985）认为，只有把消费者需求和企业对生存和发展的追求外化为企业利润时，企业才会将对利润的追求转换为技术创新的动力。

施穆克勒关于各种资本品产业中技术变化的开创性研究引发了经济史学家和其他经济学家进行了一场是“需求拉动”还是“技术推动”是技术变化背后的基本力量的争论。施穆克勒（Schmookler，1962，1966）认为，是需求技术而不是技术和科学知识的状况决定着发明活动的速度和方向。帕克（Parker，1972）和罗森伯格（Rosenberg，1974）对施穆克勒的命题进行了最有说服力的反驳，他们引用了诸如农业手工操作的机械化、煤作为工业燃料的使用等一些历史上重要的例子来论证，在这些例子中，“一般”技术思想的具体应用顺序不是由需求决定的，而是由知识状况和特定产业应用的内在技术的复杂性决定的。谢勒（scherer，1982）提供了统计证据认为两个方面都有关系。他发现用技术（化学、电力和机械等）区分产业的虚拟变量以及表示需求条件的变量在营业单位的专利活动的回归分析中具有统计上的重要性，但是技术变量解释了更多的变化。沃尔什（Walsh，1984）将案例研究法与施穆克勒的时间序列法相组合，对需求拉动—技术推动争论提出了一个十分有意义的看法。沃尔什发现，在几个化学产业中，生产序列的确引导着专利序列，但是生产的增长往往是在一个或几个主要创新（突破性创新），而不是大量的专利之后出现的。即，相对外在的突破性创新引致了需求的增长，而需求的增长又反过来刺激了随后的增量创新。

研究认为，中小企业进行技术创新的欲望更强烈（斋藤优，1986）。阿罗（Arrow，1962）认为，就彻底地创新（突破性创新）而言，现存垄断企业比起那些在当前市场上还没有份额的创新者，发明的激励要小。吉尔伯特和纽伯里（Gilbert & Newberry，1982）运用一个拍卖模型考察了现有企业面对在创新上也展开竞争的潜在进入者的情况，在相关产品市场是垄断的情况下，由于存在一些租金消耗，创新的资本化价值大于进入者和现存者的创新价值之和，因此，一个现在拥有垄断势力的企业会抢先将创新专利化并维持其垄断地位。但是垄断企业不必采用这个创新，在这种情况下就会有“休眠的专利”，它纯粹是用来保持现存者的垄断地位。吉尔伯特和纽伯里评论说，一个在创新上处于相对成本劣势的现存者仍然比潜在进入者具有优先权。萨伦特（1984）认为，这个结论建立在不可能存在事后特许授权的基础上。如果特许授权是允许的，萨伦特证明，在创新上最有效率的企业总是会赢得专利的，但是如果一个企业是效率更高的生产者，它可能将专利卖给这个企业。卡茨和夏皮罗（1987）用一个更一般化的拍卖模型考察了特许授权对创新的影响。他们认为，每个企业都有两种创新激励：第一，由于企业开发了创新，其利润会增长，企业就有赢得创新竞争的激励；第二，由于企业获胜与其竞争对手获胜相比，它的利润更高，这就激励企业去赢得创新竞争或避免损失。前一种激励是“独立”的激励，而第二种激励是对“先占激励”的衡量。

现有创新理论研究往往是和经济增长联系在一起的。在 Arrow（1962）和 Sheshinski（1967）构建的模型中，思想是生产或投资的过程中不经意产生的副产品，这种机制被称作干中学（learning by doing）。在他们的模型中，每个人的发现都会很快外溢到整个经济中，瞬间的知识扩散过程在理论上是可行的，因为知识是非竞争性的。Romer（1986）后来证明，在这种情况下，竞争性框架可以存在并将决定一个均衡的技术进步率，但是由此产生的增长率普遍无法达到帕累托最优。一般来说，如果新的发现至少部分地依赖于有目的的研发（R&D）活动，而且如果单个厂商的创新只能逐渐扩散给其他生产者，那么，竞争性框架就会被打破。在这种更现实的假设下，只有将新古典增长模型进行根本改变，将不完全竞争的分析整合到模型之中，才可以在此基础上建立一种分散决策的技术进步理论。

在既定空间内，不依靠非外来因素的内生式创新的动力并非“利润”或者模糊的“企业家精神”可以简单解释的，过分地追求利润甚至可能导致创新的停滞。相关文献研究证明，当外生要素没有增长的情况下，技术进步、分工与制度这三个内生要素也能够提高传统要素的生产率。关于这三个要素与“创新”之间的关系如何，目前并没有文献进行过相关论述，但是这三个要素对于创新都有着重要的影响。因此，将这三个要素视为既定外生变量来研究创新问题是不科学不全面的。

三　创新的制度

创新的产生，不仅仅在于需求因素的拉动和供给条件的满足，还需要具备一定的创新环境，更需要具备相应的创新制度。对于创新制度条件的研究，对于现实中打造适合制度创新的环境提供了重要的参考依据。

第二次世界大战之后，美国的一些经济学家，沿着熊彼特的创新思想进行了深入的研究与思考，提出了新技术创新理论。研究技术创新内容的文献主要集中在以下三方面：第一，技术创新与企业规模的“起始点”。P. 戴维（1971）分析了推广技术创新与企业规模之间的关系，他认为，企业采取一种新技术需要花费一定的成本，为了降低成本，企业必须达到一定的规模，要想使一种新技术能够更大范围地引用扩散，必须要降低企业规模的起始点。第二，市场结构对技术创新的影响。20世纪70年代，M. 卡曼、N. 施瓦茨等人从垄断与竞争的角度对技术创新的过程进行了研究，他们认为，纯粹垄断和纯粹竞争的市场都不适合于技术创新，垄断竞争型的市场结构最有利于技术创新的结论。第三，创新技术的推广和扩散。E. 曼斯菲尔德认为，创新技术的推广和扩散程度与技术采用者采用新技术的预期收益水平密切相关，采用者会考虑采用新技术的成本和收益问题，此外，采用新技术所需资金的大小，获取资金的难易程度等都会影响到技术创新的扩散速度。R. 列文、Z. 格里列希斯于1971年提出了技术扩散的“S形增长曲线”理论，研究新技术模仿比率增长速度的变化趋势即新技术扩散曲线的形状。市场密度高、投资成本低、相对盈利率较高，是影响新技术推广与扩散的主要因素。

创新不仅仅是企业应该具有的行为，政府应该在创新中发挥积极的作用。弗里曼（Freeman，1987）提出了国家创新系统的概念，他认为，在一个由政府、企业、科研机构和学校等构成的网络中，创新的能力和效率能够更显著地提升，因为这些部门能够互相启发，互相促进，能够将科学研发和社会融为一体。随着时代的进步和知识经济的发展，国家创新系统的概念不断地在前进，其研究重点是如何通过宏观层面制定相应的政策和机制来促进创新。

信息知识的共享性是实现创新的基础，而信息知识实现共享的关键因素是组织结构能否适应发展的需要。熊彼特认为创新是在企业中产生的，而企业本身就是一种有效的组织。青木昌彦（2005）认为当资本所推动的创新无法继续下去，创新增长出现瓶颈的时候，企业的组织结构应当发挥作用，成为资本以外的促进创新的重要途径。在创新的组织结构中，比较知名的是集成创新和模块创新。所谓的集成创新就是将现有的各类技术资源进行有机的“融合”（野中等，1995；TANG，1998；Morgan，2000）。新产品的开发和创新是被公认的在企业这个组织内一种集成创新模式（Jassawalla、Avan、Sashittal、Hemant，1998；Keneth & Kahn，2001；Davies-Cooper，2001）。关于模块创新中的“模块”，青木昌彦（2003）认为：“这就是一个半自律性的子系统，这个子系统可以按照一个的规则和其他子系统进行有机结合从而产生更加复杂的系统。”在这个概念界定的基础之上，Clark（1991，1996）以及Sanchez等人进一步提出“模块化”竞争优势的思想。Sanehez和Mahoney（1996）及Ulrich、Eppinger（1995）等人的研究也都能够论证，模块化的方法和思想对企业在多样化发展过程中有着决定性的促进作用，该方法能够充分地对企业现有的资源进行分享。Baldwin和Clark（1997）认为，这种模块化的思想和实践使得一个全新的工业技术创新时代被展现在人们面前。Sturgeon（2002）通过电子产业中合同制造的例子来向人们描述出现在美国的这种新的产业组织模式——模块化制造网络。Sturgeon（2004）对这种新型的模块化制造网络和其他网络模式进行了详细的对比并认为模块化制造网络是价值链的模块化。Gangnes 和 Assche (2004) 主要分析了产品的模块化在企业生产组织中的作用。

戴维斯和诺斯作为新制度经济学的代表人物，他们都认为技术在国家经济增长中发挥着重要的作用，但是制度安排才是经济增长的决定性力量，只有选择一个好的制度，才能够在社会中形成技术创新的环境和氛围，才会鼓励创新，如果制度出现了问题，那么将会抑制人们进行技术创新的积极性，甚至使得技术创新偏离正常轨道。新制度经济学家们将“创新”理论与“制度”理论相结合，运用大量的实例论证了制度创新对技术创新所起的决定性作用。

弗里曼国家创新体系理论的分析中，虽然已经提到了服务创新在创新体系中的重要性，但是他并没有作详细地论述，更没有将服务创新看作是和技术与制度同样重要的因素，他将服务创新看作仅仅是影响和促进技术创新的因素之一。1962 年，美国新墨西哥大学埃弗雷特·罗杰斯教授提出了著名的创新扩散 S－曲线理论。在该理论中，罗杰斯教授提出，创新的扩散，在初始阶段总是扩散很慢，随着扩散的不断进行，采用者达到一定数量（即“临界数量”）后，扩散速度和过程会突然加快（即起飞阶段），这个过程会一直延续到潜在采纳创新的人绝大部分都已采纳创新，无法继续增加创新的需求者数量，也就意味着扩散达到饱和点，扩散速度开始放慢，采纳创新者的数量随时间而呈现出 S 形的变化轨迹。罗杰斯把创新的采用者按照采用创新产品和技术的先后顺序分为革新者、早期采纳者、早期追随者、晚期追随者和落后者等几种类别。

第二节　创意产业发展的近现代理论研究成果

对于创意产业的相关研究大部分学者都是从产业发展模式的角度出发，研究创意产业在现存经济中的表现形式，探讨创意的内涵、类型及创意产业的本质、发展内容、发展模式及对策建议等问题。

一　创新与创意的关系研究

创新与创意是两个既有联系又相互区别的概念。创新的基础来自于创意，缺少了创意，创新也就没了根基，成了无源之水。创新就是创意人群动用其智慧型因素进行创意制作的结果。文化经济学家下比（Sby）认为，创意是创新的起因和前提，当创意被转换为生产，才实现了真正意义上的创新。一般而言，创新更多的与技术相联系，多用于技术领域，而创意所应用的领域则要比创新广泛得多。Howkins 认为，创意和创新产生的主体具有差别，创意更多强调的是个人化的行为，具有一定的主观性（subjective），而创新则更强调团队运作，具有一定的客观性（objective）。创意比创新更为重要，因为有了创意可以实现创新，但有了创新却很少能够引起创造力。厉无畏（2004）用熊彼特的创新理论来对这两个概念进行区分，认为创新和创意分别注重功能上的改变和文化上的应用。胡晓鹏（2006）进一步指出，狭义上理解创新与创意对应的主体是不同的，在创意产业的研究热潮中，人们按照习惯会将创意和文化联系起来，称之为文化创意；而认为创新与技术则有着不可分割的联系，应该称之为技术创新或科技创新。文化创意要想获得大规模的发展，需要技术创新因素的推动，而技术创新能力的强弱也取决于文化创意的推动程度。通过上述国内外学者的分析，我们可以看到，创意和创新不可分割，创意是创新的来源，而创新又反过来对创意的发展具有能动作用，技术创新能够推动创意到产品的转换过程。虽然二者在主体表现方面不一样，但是不能将二者分割来看，更不能认为创意就是研究文化的范畴，而创新应该放到技术领域进行分析，如果这样人为地将二者割裂，就无法解释经济当中所出现的新的经济现象，如高科技创意群落（creativeduster），在这样的群落当中，动漫、游戏软件等属于高科技领域，同时也属于创意产业区范畴，是技术和创意共同作用的结果。

二　创意产业的概念与界定范围研究

随着经济发展和产业结构的调整，创意经济开始在全球范围内迅速崛起，并被欧美、日韩及澳大利亚等国的政府大力宣传，逐渐在经济中崭露头角，理论界也掀起了对于创意产业研究的浪潮，不同的国家及研究机构对于创意产业的界定是不同的，只有充分认识国家间对于创意产业理解上的差别，才能够帮助我们更好地认识和学习创意产业发展好的国家的经验。创意产业发源于国外，最早诞生于英国，所以最早对于创意产业研究的学者也都来自于国外。创意产业（Creative Industry 或 Creative Economy），也被称为创意工业、创意经济等，最早明确提出创意产业概念的是英国政府，英国政府在1998年出台的《英国创意产业路径文件》中提出，“所谓创意产业，是指从个体的创造性、个体技艺和才能中获取发展动力的企业，以及那些通过对知识产权的开发可创造潜在财富和就业机会的活动”。

文化经济学家霍金斯（2001）在《创意经济》一书中，把创意产业界定为其产品都在知识产权法的保护范围内的经济部门，也就是专利、版权、商标和设计的每类产品都产生于保护不同种类的创造性产品的愿望，这四种类型的产业共同构成了创造性产业和创造性经济。因其首次提出创意产业而被誉为“创意产业之父”。

理查德·凯夫斯对创意产业的定义是现有定义中被引用最广泛并获得很多人认可的一种定义之一。凯夫斯在其论著《创意产业经济学：艺术的商业之道》当中是这样定义创意产业的：创意产业提供我们宽泛地与文化的、艺术的或仅仅是娱乐的价值相联系的产品和服务。

Towse（2002）认为，文化创意产业所包含的领域很多，如音乐、唱片、电视等视觉形式的艺术表现，文化内容的创造、发展、保存和传播，以及为促进和推动上述各项活动而开展的相关创造性活动。

日本学者屋太一在《知识价值革命》一书中指出，“知识价值革命”的到来，人们对于产品的追求发生了改变，资源、农产品等已经不是人们追逐的目标，消费者将精力更多地放到了对时间和智能价值的追求上，这是“知识价值”的大量消费。这种变化产生了未来和过去两种消费指向，也就是说，人们既对高科技时代的产品有着极高的追求，同时对手工艺时代的产品也有着偏好，创意产业在人们这两种消费指向中得到了完美的结合，恰如其分地满足了消费者对于传统和创新的追求。

澳大利亚学者金迈克认为，文化在人们的经济生活中将扮演越来越重要的角色，21世纪人们将会改变利用文化资源的方式，应该将文化当作一种产业来进行认真的思考。

除了理论界的学者对于创意产业的概念进行了论述之外，各国政府为了促进创意产业的发展，也纷纷按照自身的理解，将创意产业作为整体经济的规划范围之内，并制定了相关产业政策，从当前来看，不同国家及各地政府对于创意产业所涵盖的范畴规定不尽相同。

英国政府选择创意产业的标准，是根据三个原则来进行的：就业人数或参与人数的多少，产值或成长潜力的大小，原创性或创新性程度的高低。人数多的，产值大的，原创性程度高的产业都被政府选定为创意产业的范围之内，最终英国政府确定将出版、广告、时装、音乐、设计、建筑、手工艺品、游戏软件、表演艺术、广播电影电视、艺术品和古董交易市场在内的13 种行业归入创意产业的范畴之内。

在美国，创意产业基本上指的就是版权产业。具体包括书籍、电影、音乐出版、录音等核心版权产业和部分发行业、版权产业及与版权相关的产业。如下表2－1,[①] 列举了部分国家创意产业分类及标准。

表2－1　**部分国家文化和创意产业体系**

英国（创意产业）(13类)	广告、建筑、美术和古董市场、手工艺、设计、时尚、电影、互动休闲软件、音乐、表演艺术、出版、软件与电脑服务、电视和广播
美国（版权产业）(4类)	一是核心版权产业，包括电影、录音、音乐、图书报纸、软件、戏剧、广告及广播电视；二是部分版权产业，较为典型的是建筑业、纺织品制造业等；三是发行类，相关的运输服务业、批发和零售业等；四是版权关联产业，如计算机、电视机等
澳大利亚（创意产业）(6类)	一是制造业，包括出版、印刷、其他制造业；二是财务资产与商业，包括音乐商店，其他批发零售与交易；三是公共管理与服务，包括建筑服务、广告服务、其他财务资产与商业服务；四是社区服务；五是休闲、个人与其他服务，包括图书馆、博物馆与画廊、其他社区服务；六是其他产业，包括电影制作、电影出版、电影院、电视台、电台、现场表演、交响乐团及乐队、创意艺术、其他娱乐公园及动物园、摄影服务、其他休闲、个人及其他服务
丹麦（创意产业）(9类)	音乐、剧院、书籍出版、视觉艺术、电影/影带、平面媒体、广播/电视、建筑/设计、玩具/主题乐园
日本（内容产业）(3类)	一是内容制造业，包括个人电脑及网络、电视、多媒体系统建构、数位影像处理、数位影像讯号发送、录影软件、音乐录制、书籍杂志、新闻、汽车导航等10类；二是休闲产业，包括学习休闲、鉴赏休闲、运动设施、学校及补习班、比赛演出售票、国内旅游、电子游戏、音乐伴唱等8类；三是时尚产业，包括时尚设计、化妆品等2类

① 资料来源：甘巧林、陈汉欣主编：《广东文化创意产业发展与布局》，中国大百科全书出版社，第10页。

续表

韩国（文化产业）（17类）	出版、新闻、杂志、漫画、广播电视、广告、电影、影像出版、动画、唱片、游戏、多媒体影像软件、卡通形象、工艺与文化观光产品、美术、艺术表演

香港特区政府在2003年1月8日发布的《施政报告》中，重点提到了创意产业在经济中的重要地位，并指出了创意产业发展的内容。该报告认为创意产业是文化艺术创意和商品生产的结合，包括广告、建筑、艺术品、古董及手工艺品、设计、数码娱乐、电影与录像、音乐、表演艺术、出版、软件及计算机服务、电视与电台节目制作及相关服务。

2002年，中国台湾地区借鉴英国创意产业发展经验，提出发展文化创意产业，并将创意产业定义为“源自创意或文化积累，透过智慧财产的形式与运用，具有创造财富与就业机会潜力，并促进整体生活提升之行业”。同时，台湾地区将出版、电影与录像文化、广播、电视等13个产业放到创意产业的范围之内。

中国在创意产业发展初期，更多地偏向于文化内容，1998年，文化部成立文化产业司，并随着发展，各地统计部门联合一些研究机构，开始制定各自的文化产业体系。中国国家统计局2004年在综合了各地的标准之后，颁发了统一的分类标准，① 将文化创意产业分成三个层次：第一个层次是文化产业核心层（包括新闻服务、出版发行和版权服务、广播、电视、电影服务、文化艺术服务），第二个层次是文化产业外围层（包括网络文化服务、文化休闲娱乐服务、其他文化服务），第三个层次是相关文化产业层，包括文化产品的生产和销售活动。国内不同地区对于创意产业规定的范畴也不同，如表2－2所示：②

① 国家统计局关于印发《文化及相关产业分类》的通知，http：//www. stats. gov. cn/tjbz/hyflbz/xgwj/t20040518_ 402154090. htm。

② 资料来源：甘巧林、陈汉欣主编：《广东文化创意产业发展与布局》，中国大百科全书出版社，第12页。

表 2－2　国内代表性地区文化创意产业体系

地区	产业体系
香港（11 类）	广告、建筑、艺术/古董/手工艺品、设计、数码娱乐、电影与视像、音乐、表演艺术、出版、软件及电子计算机、电视/电台
台湾（13 类）	视觉艺术、音乐与表演艺术、文化展演设施、工艺、电影、广播电视、出版、广告、设计、设计品牌时尚、建筑设计、创意生活、数位休闲娱乐
深圳（14 类）	新闻出版、广播影视、创意设计、文化软件、动漫游戏、新媒体、文化信息服务、文化会展、演艺娱乐、文化旅游、非物质文化遗产开发、广告业、印刷复制、工艺美术
北京（9 类）	文化艺术、新闻出版、广播电视电影、软件网络及计算机服务、广告会展、艺术品交易、设计服务、旅游、休闲娱乐、其他辅助服务 10 类，涉及我国《国民经济行业分类》中 6 个行业中类和 82 个行业小类
上海（5 类）	研发设计创意、建筑设计创意、文化传媒创意、资讯策划创意、时尚消费创意 5 类，涉及 38 个中类，55 个国民经济行业小类
杭州（7 类）	文化艺术类、影视传媒类、信息软件类、产品设计类、建筑景观设计类、时尚消费类、咨询策划类 7 大类，涉及 22 个中类，76 个国民经济行业小类
浙江省（6 类）	产业设计、信息软件、建筑景观、文化艺术、咨询策划、创意农业 6 大类，涉及 14 个中类，39 个国民经济行业小类

三　创意产业发展模式等问题的研究

在创意产业的发展过程中，不同的国家和地区都结合本地特点采取了各有特色的发展模式，并获得了一定范围内的成功，针对创意产业的发展模式，不同学者总结了各自研究对象的成功经验，并提出了自己的看法。

佐金（Zukin）通过对曼哈顿休斯顿以南地区（South of Houston Street，SoHo）所发展起来的“阁楼”（Loft）现象进行了实地调研，并在 1982 年进行了专门的论述，她认为这种阁楼（Loft）文化现象给城市的文化和资本带来了巨大的改变，是一种经济、文化和政治过程。但是，由于佐金研究这种现象的时代尚早，社会经济没有达到一定的阶段，她的研究并没有得到社会的关注，也没有引起理论界的相关讨论。到了 20 世纪 90 年代末期，社会已经进入了“知识经济时代”，人们对于“技术”、“知识”和“文化”的认识逐渐加深，社会更多地开始思考“文化”对于“经济”的带动作用有多大，如何实现文化的价值，佐金早期的关于“阁楼”现象的研究开始被翻出来并得到社会广泛关注，逐渐引发了对创意产业发展模式的深入思考。

沙森（sassen，2005）在其《全球城市》一书中提出，20 世纪的纽约、伦敦地区，由于中心城区吸收了大量的国外投资，导致中心区的房价快速上涨，而周边地区则由于吸收投资不够而使其处于边缘地带，房价较为平稳，这些地区使得一些艺术家进入，并给这些“不适宜居住的地区”注入了美学价值，使得这些边缘地带获得了复兴，如曼哈顿中心西南的老仓库地区和伦敦的旧港区。

Scott（1997），Yusuf 及 Nabeshima（2005）、Pratt（2004）等人认为，创意产业的发展有赖于全球和地方生产网络。Scott 认为，文化产业集群在地方性生产网络的基础上逐渐向全球性范围内发展，这种集群进一步使产品合作企业、风险性企业和创意企业等进一步联合组成了全球网络，不同的创意产业集群之间关系日益紧密，并因为网络关系的形成而各自具有了独特的竞争优势。Yusuf 和 Nabeshima 从创意产业集群的行业构成角度出发，进一步分析了不同行业之间联系的紧密程度及发展网络关系，由此提出了创意产业集群行业网络组织。这种观点与 Scott 的观点是一致的，即都认为不同的创意产业集群之间可以互相结合，并在更大范围内发挥作用，形成规模更大的网络组织。Pratt 研究的内容主要是创意产业集群的生产网络，如创意产业集群发展的条件是什么，哪些辅助机构对创意产业集群具有支持作用，进一步得出科研机构、教育培训、某些专门性的商业服务及观众等为创意产业集群的发展提供了支持和基础配套设施，这些机构的存在为创意产业集群的形成和发展提供了条件。创意产业集群能够给区域经济带来创新和发展，对地区创新能力的提高、旧区改造的实现、地区文化旅游及地方形象再造等方面皆能做出重大贡献。

Lash 和 Urry 在对发达资本主义国家的发展进行研究之后得出，后福特主义文化经济的兴起是发达国家与发展中国家显著不同的发展特征，消费者对符号和象征性产品产生了需求并带动了地方文化产业的发展，中国学者陈秋玲、吴艳（2006）对上海的产业集群现象进行了研究，具体考察了上海 18 个创意产业集群，利用共生模型对创意产业集群之间的形成机制进行了实证研究并得出互利共生关系是创意产业集群形成的基础，并且这种关系表现得越明显则越有利于创意产业集群的形成和稳定发展。褚劲风（2008）在《上海创意产业空间聚集的影响因素分析》一文中指出，上海创意园区是都市工业园区的再生和升级。经济发展方式转变，旧城空间秩序优化，创意阶层的兴起并聚集是创意产业园区发展的驱动力，而园区内部组织的网络关系是维持其运转的支持力。

四　创意产业价值链研究

随着创意产业规模的增加，创意产业由过去传统产业的一个运营的有机组成部分逐渐发展成一个独立的产业，并有了自身的特点，但是创意产业的经营是与传统产业不可分割的，创意产业要以自己独有的方式加入到传统产业的生产中，成为产业价值链条的一个有机组成部分。

当前，理论界对于创意产业价值链进行研究的比较少。厉无畏（2006）在其著作《创意产业导论》中，给出了创意产业价值链的基本特征，厉无畏认为创意产业具有明显的知识性特点，对传统产业具有重要影响，它能够将文化创意性因素融入传统产业中，通过科技和文化两方面和传统产业发生联系。王玉梅（2006）基于波特的价值链理论，对创意产业价值链的构成情况及特点进行了分析，并进一步将创意产业的盈利模式分为定位模式、延伸模式、分解模式、整合模式等四种类型。肖骁（2008）认为创意产业价值链是以传统的价值链为基础框架，并将技术资本、人力资本及文化资本等生产要素引入这个框架而产生的一系列生产运作环节。但是创意产业不是独立的环节，它会将其价值系统向外拓展，其创意性因素成为传统企业附加价值不可缺少的一环。陈溪（2006）认为随着创意产业的独立，它既像传统产业一样有自己独立的价值创造链条，同时又加入到第一、第二以及第三产业中的某些行业的价值创造过程中，形成纵横交错的网络。

由于创意产业的产生和发展主要依靠的是创意，而创意一开始就参与产业链的设计研发，所以大多数学者认为创意产业位于价值链的顶端并贯穿于整个产业价值链的各个环节中，成为控制整条价值链的至关重要的一环（Hutton，2000；Gentler，2004）。Conno 认为创意产业通过无形的创意产品参与到整个产业价值链的创造中，改变了过去必须靠实体才能产生和创造价值的观念，创意产业依靠其无形的原创性的知识含量来实现增值。现在，各种类型的企业已经意识到无形的创意对企业价值创造的影响，开始对创意制造者即创意人才进行争夺，一些著名的画家、作家、设计师等成为企业竞相争夺的对象，他们生产的创意性作品被签约企业所垄断。MaJusen 及 Caves 认为创意产业之所以能够对价值链产生重要影响，是因为创意产业改变了传统产品的价值构成，消费者对于创意赋予产品的观念价值更加具有购买欲望，且愿意支付更高的价格，这些使得创意产业打造产品附加价值的能力不断提升，也使创意产业在价值链条中的地位也日益提高，所以说，消费者对创意产品的需求是决定创意产业在整个价值体系中地位的决定性因素。

知识经济的到来，消费者对于产品的创意性要求不断增加，他们要求产品在价值链创造的每个环节都能有所创新，从而实现产品整体价值的改变，这就要求创意产业与传统产业之间在每个环节都进行交叉融合，这种消费者需求的变化带来了整个价值链的变革，创意产业以其创造性因素参与到产业价值链的整个网络当中并使传统产业价值链进行延伸。Robert Picard 认为，创意产业的价值链与一般产业的价值链有所不同，因为创意产业中的某些产品如画家的原创性画作具有单件性特征，其价值形成从内容创造直接到了消费环节，中间的营销推广、分销传播等环节都被省略。通过总结各类文献，我们可以看到，创意产业作为独立的产业既有自己独特的价值链特点，同时创意产业也会因其创意因素而渗透到传统产业的各个环节中，形成传统产业与创意产业互相交叉、不可分离的特点。

第三章　创意产业发展的要素禀赋基础

创意产业的发展离不开必要的要素条件。科技创新和文化创意是现代经济增长的双引擎，其中科技创新是硬实力，文化创意是软实力，而创意产业则是科技含量与文化因素的有机融合，实现这一融合过程要依赖于专业的创意人才。因此，与传统产业相比，创意产业的生产要素结构是不同的，传统产业的发展需要投入有形的要素资源，如机器设备、原材料等，而创意产业则需要投入更多的知识资本或智力资本及相应的文化资源，只有具备了创新技术、文化资源和人力资本，创意产业才能获得发展，基于此，本章将创意产业的要素投入分为以下三类：创新技术、文化资源和人力资本。

第一节　技术和技术创新

创新是创意产业的核心和灵魂，创新在理论上和实践中的作用早已被认可，但是创新是怎么来的，目前仍是一个有待探讨的话题。关于这个问题的解释，发达国家一般认为创新产生的模式主要有三种：科技和市场的双推动模式、创新的线性模式、创新的链环模式。而发展中国家更倾向认为创新是个技术的学习过程，并将其作为技术创新理论的研究中心。关于这一点，弗里曼认为这是发展中国家“经济追赶”理论的一个重要组成部分。由此可见，创新和技术是密不可分的，没有技术创新也就失去了真正意义上的创新。没有科技创新，创意产业也就无从说起，科技创新是创意产业发展壮大的基础。

一　创意产业的技术维度

关于技术的概念，不同文献有不同的解释。譬如 OECD 在 1977 年的报告指出，技术就是社会主体利用其技术存量，在一定的时间内，来解决自身发展问题的方法。其他经济学家对此也有各自的见解：Haos在1966年强调技术即是科学知识；Meissner在1988年论述技术是知识的合成；Methe于1991年定义技术是利用知识来减少不确定性的过程，借以实现其预定目标；而谢伟在2000年时则认为技术是知识和做事的方式。

不管采用技术的哪种定义，我们都能看到所有产业的发展都凝聚着技术内容，不同产业不仅在产品内容上不同，在所使用的技术上也有差异。OECD用“产业部门技术维度”来测量特定产业中的直接技术和间接技术内容，并在长期的实践中将产业部门划分为低技术部门和高技术部门。这种分类方法在各国政府的政策制定中占据了重要地位。但是，随着时间的推移，不同产业部门间的边界在以上两个维度中逐渐变得模糊。虽然一项技术起初只针对某一类产品开发，但随后会逐渐转移或外溢到其他部门的生产活动中。而且，旧技术的淘汰和新技术的应用并不是一蹴而就的，往往新技术只是对旧技术的补充和完善，这就使得一些老产品完全可以由改进的新技术来生产。与此同时，市场对产品和服务边界的识别也变得越来越模糊。例如电纸书①的出现颠覆了我们传统的对图书概念的理解，电子出版方式②也模糊了文化产品和电子产品的界限。从这个角度看，创意产业是典型的高技术部门，是直接技术和间接技术的统一。创意产业是高新技术应用的集中体现，在创意产业的很多产品中，我们能够看到最新技术的影子，创意产业成为当之无愧的高技术应用产业。高新技术要想获得广泛的应用，必须与需求紧密结合，创意产业给高新技术提供了这样的需求，使得高新技术研发能够更大范围地使用。从这个角度说，创意产业从诞生开始就已经注定要和高新技术产业有机结合，是高新技术应用产业。如在影视传媒业中，时下最新技术都得到了充分的发挥和应用，从影视的制作、剪辑到后期的播出，每一个环节都离不开最新技术的运用，有了这些高新技术的加入，影视作品的效果和水平都得到了提高，消费者的视觉感受不断增强，现有的影

---

① 电纸书是一种类纸阅读器，基于电子墨水最新显示技术，就像阅读纸书一样阅读电子书，舒适环保、不伤眼睛。同时还拥有大容量和便携的特性。

② 目前国内的电子出版还未成熟，收费阅读只占产品收入很小的比例，也缺乏相应的法律规范，没有完全摆脱对传统出版的依赖。

院作为影视作品的播出媒介，也开始突破旧有的播出模式，运用技术，增加创意元素，开创了IMAX影院、3D影院和4D、5D影院等，通过高新技术的应用来提高消费者消费体验，在这些新技术应用的刺激下，消费者对于电影的需求与日俱增，据央广财经频道经济之声《天下公司》报道，2013年中国内地总票房突破200亿元。据国家新闻出版广电总局电影局透露，截至2013年12月8日，全国电影票房达200.32亿元，同比增长34.63%。这样的好成绩与影视制作与传播的高新技术是不可分割的。

与简单的从产品角度进行产业划分不同，萨顿（sutton，1991，1998）通过比较企业在产品营销和技术开发方面的选择，来研究产业的技术维度。他的研究表明，企业在产品营销或技术开发方面的选择，一方面来自企业自身能够掌控的要素，另一方面来自企业无法掌控的要素。后者意味着如果某个企业属于某个特定产业，那么它必须承担一定水平的沉没成本。[①] 萨顿同时指出，必须使科学技术人文主义化，也就是说，科学技术要和人们的需求有机结合，任何脱离人类文化需求的科技创新最终都将失败。技术发展的核心主体是人，技术只不过是作为一种手段提高了人的认识世界和改造世界的能力，技术要满足人类不断增长的需求才能获得发展。从这方面可以看出，创意产业发展所进行的技术研发，有一些是企业无法掌控的，所以其研发并不一定能够得到相应的回报，而是要承担一定程度的损失。创意产业所进行的研发能否得到相应的回报，既取决于研发技术本身的难易程度也就是开发的成功率，更取决于该技术应用的广泛性程度，也就是市场的需求程度，如果为了某项产品进行的研发技术不能得到市场的充分认可，那么该研发所投入的一切资金都成了沉没成本。为了避免不必要的损失，创意产业不能只强调技术高端程度，更主要的是强调市场需求程度。技术作为主要投入要素决定了创意产业的高风险和较低的可控性。从这方面看，发达国家由于资金实力雄厚，技术研发和创新的风险承担能力强，且由于发达国家掌握了先进的市场调研技术，使其在创意产业与消费者结合方面能够做到有效结合，从而使创意产业在技术水平不断进步的推动下获得大踏步的发展，并获得成功。经济发展水平不同的国家在创意产业方面发展

① 牛津创新手册。

存在着较大的差距，这种差距很大程度上也是受技术发展程度及技术水平消化吸收程度所影响的。

技术创新和技术能力①深刻地影响着产业的技术维度。技术创新能够缩小技术差距，而技术能力影响着技术创新的速度。技术能力既包括技术基础、R&D 投入、教育制度的有效性等学习能力，又包括基础设施、金融系统的便利程度、劳动力的素质状况等社会能力。技术创新的速度及技术创新能力同样影响着一国创意产业发展的程度。对于发展中国家来说，提高技术创新的速度对于缩小和发达国家创意产业发展的差距具有积极的作用，加大教育领域的投入，提高国民素质，对于提高一国技术创新能力，从而提高国家整体技术能力，有着不可忽视的作用。作为高技术投入的创意产业，为了获得创新动力，需要国家加大在科技研发、教育制度、基础设施、金融系统等方面的投入力度，只有这样，才能够在创意产业这个新兴领域获得竞争优势。

二　创意产业的技术结构

技术结构是指技术要素的有机构成及相互作用的关系。从社会的发展来看，技术进步包括两个紧密相关的内容，第一个是技术创新，第二个是技术结构合理化。一般来说，各个社会主体以及各类技术的发展总是不平衡的，这必然引起行业结构和技术手段的不断变化，并反过来推动技术的发展。总之，技术创新和技术结构合理化相互影响和促进。

衡量产业技术结构合理化可以用以下三个指标：1. 技术装备程度。现代社会的物质生产过程以及服务提供过程是一个多工种、多工序、连贯而复杂的过程，人们创造出各种工具逐步代替或辅助人类自身的工作。随着计算机的普及，这种机器代替人力的趋势也在加速。从手工工具到完全自动化，我们将产业技术的装备程度划分为五个层次：手工工具、半机械化、机械化、半自动化、自动化。2. 技术水平，即发达程度指标。技术水平分为三级：落后技术、中等技术和先

① 根据《世界经济学大辞典》（2003），技术能力是指技术系统或个人在技术及其相关活动中所具有的能力。它是一个系统概念，由技术人员、技术装备、技术信息、技术投资和技术教育等要素通过技术劳动的社会结构有机组成的多功能整体。对技术系统而言，它是技术系统内部诸技术力量的总和，是技术系统发展的内在动力。对个人而言，它表现为人在从事某项技术活动中所具有的行为方式及心理特征。

进技术。这一指标反映了劳动者在从事生产过程中，所装备的生产要素的质量、性能和效率。越是先进的技术水平越是装备了相对高质量、高性能及高效率的生产要素。3. 结构技术指标。运用结构分析的方法，将技术（technology）划分为基础技术、主体技术、共有技术、相关技术四个组成部分。对于创意产业来说，由于其所涵盖的领域较多，不同领域差别较大，不能用单一的指标来衡量。比如创意产业中的古董及手工艺品，如果完全采用高科技手段，批量生产，那古董及手工艺品的价值将大打折扣。这个领域高科技的应用更多地体现为产品的鉴赏识别环节。而对于我们上面所提到的影视制作则从头到尾需要高科技技术贯穿始终。从这个角度来看，不能用传统的方法来衡量创意产业技术结构的合理程度。

技术对于产业的直接作用主要是通过对该产业的生产方式或者生产手段进行改造，对生产过程和管理方式以及产品的内容进行革新，从而提高劳动生产率，提高资源的开发利用程度，最大化地节约资源的使用。但是由于各产业应用技术所产生的效果不同，结果导致了不同产业技术结构的差异，进一步引起产业发展水平的不均衡，从而引起了要素流动的差别，在这样技术结构的带动下，产业间的资源配置发生了相应的变化，这种变化进一步引起了产业结构的改变。

首先，从劳动力的流动来看，技术结构的变化使劳动力的流向发生了改变。总的来说，技术结构的变动在生产领域的表现更多的是用机器来替代人的手工劳动，从而将更多的人从生产劳动中释放出来，提高原有领域的劳动生产率。这些释放出来的劳动力会随着经济的发展，向其他领域进行转移。这些转移的领域可以分成几个方面：第一，由于不适应新的机器大工业的变化而被淘汰出来的劳动力会向进入门槛低的领域转移，如随着经济的发展，大量的农村剩余劳动力被解放出来，这些被解放的劳动力更多地流向餐饮、家政、安保等低端服务业及组装加工等低端制造业，这种转移出来的劳动力并不会对创意产业产生的人才供给有太多的影响，这些劳动力随着收入水平的提高，温饱被满足而会逐渐成为创意产业的需求方；第二，一些预见到生产领域发展方向的“先知”，会在机器代替劳动力的时机到来之时，主动学习新知识和技术，预测到未来市场的新需求，并凭借对于新需求的掌握转向需求上升的新兴产业，成为新兴产业的创造者或参与者，这部分人是时代的精英，对于社会未来的需求有很好的预见性，从而能够响应需求并把握机会进行供给。这部分精英人物会成为创意产业的创造者，并对创意产业有着极大的影响，如比尔盖茨、乔布斯、扎克伯格等。第三，产业间吸收技术水平的不同，导致了产业间利润水平的差异，创意产业由于更多地吸收利用了高新技术，从而能够在降低成本、满足新需求等方面发挥优势，进而在利润方面表现出其独特性，这些吸引了大量的优秀人才。由此看出，技术结构的变化改善了人才流动机制、提高了人才流动效率，为创意产业发展提供了充足的人才储备。

其次，从资金的流向来看，资金总是顺应市场需求，为利而动。由于各产业技术水平、技术装备和劳动力的素质有着明显的差别，从而导致产业间劳动生产率出现不同，那些能够随着技术的发展而提高生产率降低生产成本的领域获利能力日益增强，该产业及其产品在国民收入中所占比重越来越大，其战略地位日益增强，吸引了资金向该领域的流动。从产品的收入弹性的角度来看，这类产业的产品的需求都能够随着消费者收入的提高而大幅度增加，也就是收入弹性大于 1 的产品在未来成为吸引更多资金流入的主流产品。创意产业正是因为引入了高新技术并成功地将其进行消化吸收，从而使得其创造的价值在国民经济中所占比重日益提高，且由于其本身是应消费者收入水平提升而诞生的，是消费者消费日益成熟，需求日益多样化、个性化的一种集中体现，所以创意产业吸引了更多资金的投入，技术结构的变化为创意产业的发展获得了相应的资金扶持。

再次，与传统的工业和农业相比，创意产业对于技术吸收利用的效果更加理想。技术既是创意产业发展的动力，更因为创意产业的发展，使得技术更新换代的速度大大提高，二者相得益彰。高新技术能够在创意产业的多个领域得到充分的发挥和利用，新闻出版、广播电视电影、软件网络及计算机服务、设计服务等领域都需要借助于最新的技术成果，而很多最新的技术成果也正是因为有了这些领域的应用需求才得到发展。

综上所述，产业技术结构的高端化和合理化是促进整体经济发展和带动创意产业进步的重要条件，缺少了技术领域的进步和发展，创意产业也就失去了发展的原动力，必难获得长久发展。现有的技术结构是创意产业发展的基础，技术结构的升级是创意产业发展的必要条件。一个国家创意产业的发展状况是以其产业技术结构为依托的，合理和高度化的技术结构，也为创意产业的发展提供了相应的要素基础，从而促进了创意产业的发展。

三　创意的技术手段

创意经济理论家凯夫斯认为，创意经济提供的产品和服务，广泛涉及文化、艺术或娱乐领域，并与之价值相联系。而创意产品正是我们享受创意经济核心价值的主要来源与途径。[①] 据此将创意产品分解为两种形式：物质形式和创意形式。这两种形式互相依存，创意的实现需要一定的物质条件，创意形式寄生于物质存在，物质只有在具备一定的创意之后才能形成创意产品，才能实现创意价值。同时，这两种形式也互相促进，充裕的物质条件为创意的实现提供了现实基础，丰富的创意能更有效地使用现有物质条件，启发新的创意，组合成新的创意产品。在人类需求的初期阶段，产品的物质形式需求占主导地位，随着经济发展，人们需求开始进入发展阶段，需求也更多地体现为由物质形式转向创意形式。创意想要借助于物质形式体现出来，技术手段的应用是必不可少的。

技术手段在创意的启发和实现过程中起着越来越重要甚至决定性的作用。最经典的例子是电影的制作。电视机普及后，电影市场遭到极大的冲击。为了把观众从电视机前夺回来，1953 年好莱坞推出了一种新电影——立体电影。[②] 第一批立体电影诞生，曾使得电影在 20 世纪 50 年代进入一个黄金时期。

由于立体电影从拍摄到制作再到观看都受到种种技术限制，制作成本高昂，而且当时大部分导演对立体电影低眼相看，认为那只不过是在玩魔术而已，根本不是艺术，因此立体电影并没有得到普及。2009 年，3D 版《阿凡达》的上映再度掀起立体电影制作的风潮。《阿凡达》是有史以来制作规模最大、技术最先进的 3D 电影，该影片预算超过 5 亿美元，成为电影史上预算最高的电影。高昂的投入也换来了不菲的收

---

① Richardard E. Caves Creative Industries: Contracts between Art and Commerce [M]. Harvard University Press, 2002: pp. 67 – 72.

② 将两影像重合，产生三维立体效果，当观众戴上立体眼镜观看时，有身临其境的感觉。即俗称的“3D 电影”。

入，影片推出仅仅17天就获得10亿美元票房收入，也是全球第一部票房突破19亿并一路到达27亿美元的影片。[①] 这部电影的热播还催生了一系列的衍生产品。麦当劳网站推出“阿凡达变脸器”软件，可将用户上传的照片直接制作成纳美星人的模样。Sideshow Collectibles、Gentle Giant、Noble Collection、EvaZee等国际品牌代理趁势推出了电影的人物模型、玩具、钥匙扣、手机链等产品。在《阿凡达》火爆上映的第四天，网络上出现了一部名为《阿凡达他舅》的搞笑漫画，在漫画业掀起了一场电影预热高潮。

新媒体的兴起对电影产业带来又一次冲击，人们逐渐形成了以家庭为中心的娱乐方式。这一冲击甚至改变了电影产业的收入结构，美国电影协会中国区总裁兼首席代表冯伟在2009年的一次演讲中提供的数据，整个影院票房收入只占到16%左右，以家庭为中心的娱乐方式收入占到了84%。[②] 而盗版电影的泛滥更是加剧了冲击。即使在美国这样版权保护相对完善的国家，每年因电影、音乐、消费品盗版而造成的损失也高达数十亿美元。美国商界谴责这种非法贸易导致数十万名美国人失业。[③] 电影业界一方面通过技术手段加强反盗版的力度，另一方面呼吁通过法律手段加重对盗版行为的打击力度。同时，电影产业界还形成这样一种趋势：除了故事情节之外更加注重视觉方面的感受，通过宏大场景的选择和华丽的特效等后期处理方式为影片添加更多的视觉元素，制造出影院观看和小屏幕观看两种不同的视觉感受，以此增加销售票房的激励。无论是场景选择、添加特效或是立体电影，这些都是以技术进步为支撑的。

技术手段的作用除了在影视方面得到充分的发挥和表现之外，在其他的领域中，技术手段也成了创意产品诞生的重要基础，在传统产业中，有了技术手段的参与，传统产品也不断焕发出了新的活力。互联网技术的快速发展，使得传统的零售业、金融业都出现了产业革命，阿里的小微银行、余额宝等产品如果缺乏了高新技术的支持，是无法变为现

---

① http：//zhidao. baidu. com/question/452178503. html.

② 冯伟：《影视产业如何应对新媒体挑战》，http：//homea. people. com. cn/GB/41416/166388/166390/9908503. html。

③ 佚名：《美国将严打国外网站盗版音乐电影　中俄将受影响》，http：//news. xinhuanet. com/ newmedia/ 2010 -06/24/c_ 12255672. htm。

实的。在农业生产领域，正是因为新型技术的应用，使得人们对于新式产品的寻求变为了现实，我们的餐桌上有了色彩艳丽的蔬菜和种类丰富的水果，农产品的种类五花八门，人们对于食物的需求从温饱需求提升到品质的追求。

综上所述，创意产业主要借助技术手段，使创意最终变成产品。离开了技术手段的创新，产品的创作就失去了动力，创意产业也就不能称之为创意产业，技术手段不仅可以创作出新的产品，更可以使老的创意焕发新春，例如2012年詹姆斯·卡梅隆利用3D技术修复重映经典影片《泰坦尼克号》，这部影片给观众带来了全新的视觉感受，再现票房奇迹，虽然其故事情节早已为观众所熟知，但是仍屡破票房纪录，上映六天首周狂轰4.68亿美元票房，一举打破了《变形金刚3》所创下的单周4.04亿美元的票房纪录。而首周场均93人次的观众数，黄金场几乎场场爆满的态势更是让人咂舌。这部影片的成功除了故事情节令人百看不厌之外，技术手段在产品改造中的重要作用更是影片成功的重要因素。《泰坦尼克号》为了能够让观众有身临其境之感，充分运用了现代技术，在影片的制作过程中综合运用了特效、模型、渲染、动画、合成等技术，尤其是为了能够真实地展示轮船沉入海底的场景，展现海洋、爆炸等效果，运用了流体特效技术，让每一个观看影片的人都能回味无穷，久久不能从影片中回过神来。在现代经济中，创意产业发展好的国家基本上都是技术手段更新速度快，技术结构合理和高端的国家，如美国、日本，这些国家通过技术手段的更新，不断生产并出口创意产品，实现了国家财富的巨额增长和国际地位的提高。美国的影视作品是少数能够长期保持贸易顺差的行业。2008年，美国影视作品的贸易顺差高达117亿美元，达到美国服务业私营部门贸易顺差的7%，高于美国的电信、管理咨询、法律、医疗、计算机等部门的贸易盈余。2010年，因为全球3D电影的火爆，美国海外电影总票房达212亿美元，比2009年增长13%。[①] 中国要想在创意产业中有所突破，也必须在科技领域有所建树，将更多的技术手段和创意进行结合，提高技术水平和技术的更新速度，占领创意产业的制高点。

技术手段在创意产业生产过程中的作用，可以表现为很多方面，技

① 万兴伟、李怀亮：《美国电影出口结构》，载《东南亚纵横》2011年第12期。

术在不同的情况下可以充当资本及劳动等要素，进而对创意产业的发展做出重要贡献。

首先，技术作为手段或者工具以资本要素形式进入创意产品的生产过程，也就是成为生产函数 Q = F（L，K，N……）括号中的 K。技术作为资本要素，一方面表现在技术提高了资本的利用效率，节省了资本的投入，从而也就替代了资本，发挥了资本的功能；另一方面，技术正在和资本不断进行着融合，改变着世界，尤其是在创意产业领域，技术已经像传统的物质资本一样成为投资的资本。

其次，技术改变既有产品的生产函数而成为创意生产过程，也就是说，对于生产函数 Q = F（L，K，N……）来说，技术改变了创意生产函数中的 F，西方经济学在进行生产函数确立的时候，都是假定技术水平不变的，在其他因素不变的情况下，所投入的要素之间会保持着一定的比例关系，被称为资本的技术构成，当所采用的技术发生改变，要素的投入比例关系必然发生变化，也就是 F 部分发生改变，技术也会以同样的方式改变旧有的生产过程，实现产品生产过程的创新。

再次，技术可能本身就是创意，技术成为生产函数 Q = F（L，K，N……）各要素中的一个新增因素，对于创意产品的生产来说，除了投入传统的要素劳动、土地、资本等，技术已经作为不可或缺的要素参与到整个创意产品的生产过程中，并在创意产品的生产过程中占有越来越重要的地位，而对于传统产品来说，除了技术要素，更多的是依靠原料、机器设备及劳动力的投入，这也是创意产品生产区别于传统产品生产的一个重要方面。

最后，技术参与到人力资本的形成中，成为人力资本的构成元素，也就是说技术改变着传统生产函数 Q = F（L，K，N……）中的 L 部分，成为创意产生的意识前提和观念基础。创意产业对于人才的需求与其他产业不同，创意产业的产品并不是依靠简单的劳动投入就能够生产出来的，创意产业所需要的人才是掌握着最新技术市场和应用的高级人才，对于最新技术的应用不了解的人是无法加入到创意产业中去的，所以说创意产业的产生就是建立在对于技术充分的了解和应用基础之上的。

技术对创意产业的发展是必不可少的，而技术进步的源泉之一就是人力资本的投资，缺少了人力资本，技术也很难发挥相应的作用。创意产业的发展除了需要具备相应的技术，更需要高素质人才的加入，一方面，创意产业需要既懂技术又拥有相应专业知识的人才；另一方面，创意产业所需高新技术也需要高素质的科技人才对技术进行合理的应用和吸收；最后创意产业的发展需要拥有前瞻性眼光和市场魄力的企业家，只有拥有了相应的人才积累，创意产业的发展才能顺利进行。

第二节　人力资本积累（以创新能力为核心的企业家才能）

无论是创意产业还是其他的传统产业，在产业升级过程中，不可或缺的一种要素资源就是人力资本。技术对于创意产业的重要地位是不言而喻的，但是创意和技术的产生和发展从来都离不开人的能动作用，尤其是缺少不了以创新能力为核心的企业家才能，缺少企业家才能的产业是无法获得持续发展的，缺少企业家才能的市场是无法获得创新动力的。

人力资本，就是指人作为资本而存在，具有资本的功能。全球经济进入知识经济时代，人力资本的竞争已经逐渐取代了资金、土地、设备，成为企业竞争的核心因素。创意产业作为知识经济的典型代表，它主要依赖的资源不是自然资源而是人的创造力，这在经济上具有不可限量性。

人力资本的实现方式，是人力资源的战略投资活动。一个企业的人力资本战略，是其整体战略的重要组成部分，需要提高到事关企业生存发展的战略高度。根据企业所处外部环境和内部组织结构的变革和挑战，人力资本战略活动需要对自身在未来一定时期内人力资本的形成和维系进行整体规划。此外，人力资本战略投资还主导决定着企业投资经营战略的成功实现。企业人力资本投资的核心内容，是要对企业员工进行常态化的培训，涵盖员工职业生涯规划和发展路径等，这对企业快速、良性、可持续发展来说，意义极为重大。而对于创意产业来说，由于其主要是依靠人力资本的智力因素，所以人力资本的数量和素质对于创意产业的发展比其他产业更为重要。

一　基于创造力的创意人才

如何理解和定义创意人才？学术界普遍认为，创意人才是那些“有较高知识水平和创新能力，能够运用创新技术手段，将其创新内容转换和复制到文化创意新产品中，并能对该产品生产经营的人才集合体。”①

所有的创意都源自于创意人才的个人创造力，这类人才毫无疑义是创意产业的“第一生产力”，正是他们，为创意产业的持续发展提供了源源不断的动力。②

“创意产业”的主要构成要素，是创意人才个体的创新精神和创造力，而不是产业资源。创意产业的发展和创意产品的供应取决于创意人才的数量和质量，尤其是创意人才的质量。因为创意产品的提供需要具有企业家精神的创新人才的出现，只有好的创意人才才能够将其想法和“点子”通过商业化运作发展成创意产品，创意人才的素质和水平直接决定了创意产品的供给质量，美国创意产品频频出现的主要原因就是美国创意性人才的大量涌现，比尔·盖茨、乔布斯、扎克伯格等等，正是这些大量高素质创意人才的出现才使得美国的创意产品不断供应并带来了整体经济的发展。目前，无论是发达国家还是中国，发展创意产业所面临的共同问题都是培养高端的创意人才，这已成为创意经济可持续发展的关键所在。早在20世纪90年代，美、英、韩、新加坡等国政府都制定了创意人才培养的国家人才战略，同时众多企业也是想尽一切办法吸引创意人才。未来国家间创意经济的竞争基本上就是创意人才的竞争，所以针对中国仍处于创意产业发展初期的现状，如何采取有效手段进行创意人才的培养，是亟须解决的重大课题，否则将严重影响中国创意产业的长远发展。

（一）创意人才在创意产业发展中的重要作用

现代创意产品的设计和制作越来越复杂、对技术要求越来越多样化，优秀的创意产品往往离不开烦琐的细节制作。例如日本动漫产品《机动战士 GUNDAM》中高达开枪时旁边战士捂住耳朵的镜头，《侧耳倾听》中月岛霞写字时换行的动作，足以以假乱真的天泽圣司拉小提琴的片段，如此复杂的作品远非个人力量可以完成，必须有专业化的生产程序、严密的分工体制才能实现创意产品的产业化。这些复杂的设计使

① 厉无畏：《创意产业导论》，学林出版社2006年版。

② 厉无畏、王慧敏：《创意产业促进经济增长方式转变：机理·模式·路径》，《中国工业经济》2006年第11期。

得创新的周期也是有长有短，但是市场的需求往往是稍纵即逝的，创作和需求的特点使得创意产品的生产面临着很大的风险，而且创意产业是个新兴的产业，没有更多成熟的经验可供借鉴，这些都使得创意产业的风险较之其他产业会更多一些，涉足创意产业的管理者需要具有极强的冒险精神才能够使之在这样的产业中发展下去，而冒险是企业家精神必不可少的一个组成部分。

创意产业的核心内容是创新，缺少了创新，创意产业也就无法获得生命力。对于创意企业的所有者，必须随时保持着独到的眼光和前沿的市场洞察力，不盲从，不循规蹈矩，也就是时时刻刻保持着创新的意识和能力，只有这样才能够引导创意企业走在时代的前列，使创意企业能够获得长久发展，甚至很多情况下，企业家的创新意识在最初是不被大众认可的，但最终是能够经得起市场检验的，如苹果电脑，乔布斯对于智能手机的创作和推广，在最初面临着很大压力，甚至被业内认为是疯狂的，而恰恰是这种不随波逐流、独树一帜的创新意识使得苹果手机收获了成功。可见，创新能力是对创意企业的组织者的最核心的要求，也是创意企业的管理者必须具备的能力。

创意产品的产业化，不仅是生产过程的流程化，从市场调研到产品设计、产品制作，再到产品营销，应该形成一个完整的产业链条，是一个有序的组织和管理过程。这也就意味着创意产业的产品的产业化过程离不开企业家的组织协调。创意产品往往是先于市场大众的需求的，当创意产品问世以后，如何进行产品的市场宣传和推广，使之进行良好的市场扩散，这些都离不开企业家精神的发挥。

（二）发达国家创意人才的培养经验

英国、美国、新加坡等地通过采取各种政策手段来促进创意人才的发展并取得了很好的效果。通过对发达国家培养创意人才的经验总结，将其主要措施归纳为三点：

1. 普及创新教育，夯实群体基础。

在英国，政府大力开展普遍的创造性教育，不强调速成，循序渐进地致力于国民素质的整体提升，期待群体创造力发挥。基于此，在大学教学体系建设上，从本科到研究生，都建立并完备了创意学人才培养体系，从而为全国创意产业发展夯实了坚实的基础。在美国，类似教育也相当普及，开设此类课程的大学有上千所，经过长年的深厚积淀，美国现在创意阶层人数已高达3850万人，占到了全国劳动力总数的30%左右。

2. 保护知识产权，注重人才激励。

创意产品是知识产权含量很高的一类产品，这与一般的物质产品有根本区别，因此必须加以严格保护。在知识产权保护方面，以美英为代表的发达国家，都将其上升到国家战略高度，并通过建立完善的法律予以坚决保护。只有对创意产品的知识产权保护好了，才能体现国家对创意人才的价值承认，而这种良好的政策保护还带来了极好的示范效应，筑巢引凤，对全球高端创意人才的加入都具有极强的吸引力，并能吸引和刺激更多的创意行为，进而创造更多的创意产品。另外，对创意人才进行比较到位的激励，也是一项重要举措。比如发达国家普遍采取的高浮动薪酬结构（管理入股与科技入股等），这对创意人才有很大的激励作用。调查显示，美国500强企业中，实行员工持股的比例高达90%。这样一来，创意人才的个人利益就同企业整体效益联系起来了，这无疑会加强员工的自我管理，并尽最大努力去给企业带来利益最大化，激励的效果毋庸置疑。

3. 营造适宜环境，强化人才集聚。

创意经济的发展，需要高度集聚的城市空间。因此，发达国家普遍创立了“创意生活圈”、“创意社区”等，全力营造适宜创意产业发展的各种环境政策，强化创意人才的集聚效应。在伦敦、纽约，建立了很多典型的创意生活圈“LOFT”，是整个城市最富生机的区域，便于人们找到合作伙伴。在新加坡，近几年实施了“创意社区”计划，将文化、艺术、商业、技术、设计等整合进社区，借以激发创意人才的激情和创造力。

二　以创新能力为核心的企业家才能

传统的创意产品消费往往是直接的面对面交流的自然经济形态，不需要策划人、艺术中介机构、经纪人等中间环节，可是在消费全球化的今天，创意产品不再是创意创造者灵感突发的产物，而是精心设计、策划的结果，有时策划人、经纪人的地位和作用甚至超过作为传统艺术创作中的作家、艺术家、设计师等①。虽然创意产品的内容设

① 郑文文：《创意产业价值链价值传递机理研究》，东华大学2009年。

计在很大程度上由创作者的才华来决定，但缺少了对于消费者市场需求的了解和认识，再好的创意产品也无法获得认可，市场经济的创意产品必须以消费者的文化需求为导向才能获得更大范围的应用和推广。商业利益导向融入创意产品的设计中，这就要求创意产品的组织者有敏锐的商业头脑，能够准确预期和把握市场，能用经济和传媒运作的方式把创意产品推向消费者。而这样的组织者也就是熊彼特意义上的企业家。企业生产过程就是将劳动、资本等各种生产要素重新组合的过程，相同的要素在不同的组织者的手里会产生截然不同的效果，其区别就在于组织者能力的不同，也就是企业家水平的差别。创意产业是一种创新，企业家在创新中既扮演了风险承担者的角色，同时也是资源重新组合的执行者。熊彼特认为，缺少了企业家也就缺少了创新，企业进而整个社会就无法获得发展。企业家是需要具备一定的素质的，他们既具有天生的冒险精神，更有着与众不同的市场洞察力和辨别能力，他们总能够提前对市场 预测，并具有创新精神，这些都是创意产业发展所必须的。

经过对于创意产业发展的要求分析，目前可以认为，创意产业的企业家应该具备的能力素质有以下几个方面①：

（一）思维能力跨界，具备丰富知识储备

创意产业高度融合了文化、经济、技术等多种要素，这一特点使得创意产业发展必须打破产业界限，并与传统产业相融合，进而要求创意管理人才应具备跨界思维能力，破除“产业孤岛”意识。而创意产业这种跨界融合的特点，自然要求创意管理人才必须博闻多识，具备多领域复合的丰富知识。创意产业的企业管理者与技术人员不同，他们不需要把某项技术做得专而精，他们需要做的是把不同产业的内容在全局把握的基础上进行有机的整合，从而在企业中进行很好的应用，产生一加一大于二的效果。

（二）市场洞察敏锐，具备创意挖掘潜力

在创意产业市场，具体创意人员与市场需求之间，管理者是一个桥梁。他负责引导创意人员进行价值创造，进而获得市场的一席之地。因

① 朱天龙、胡健：《基于创意价值链的创意产业管理人才定义及能力研究》，载《科技管理研究》2011 年第 11 期。

此，创意企业的管理者必须要对市场有敏锐的洞察力，迅速、正确地捕捉市场需求变化，通过自身的理解，发现市场发展的规律和商机，并准确、有效地传递给企业内部的创意人员。此外，管理者还应发现内部创意人员的一些暂未成熟的创意，通过甄别发掘其潜在价值，分析并判断其可行性，对有市场潜力的创意，应迅速组织企业内部相关资源，将其转化为具体的创意产品。对于这方面的能力，企业家是不可或缺的，只有这样，创意企业才能走在其他企业的前面，事先把握机会，获得成功。

（三）沟通能力灵活，具备文化塑造能力

创意产业是一个新生事物，具有较大风险，所以一般来说，产业融资的渠道相对狭窄；另外，创意思维也不是源源不断的，有可能会面临枯竭；这些因素都制约了创意产业的发展进步。因此，必须要想办法增加融资渠道，为创意项目引入充足资金、并维系创意思维的持续迸发，这就要求创意管理者要有丰富的人脉资源和灵活的沟通技巧。另一方面，新创意的产生是创意产业的起点，要鼓励新创意，就要营造适宜的环境，包括：认同并保护创意的原创性、允许并鼓励创意人员试错，制定并实施多样化的激励机制，从而营造一个包容、宽松的企业组织创新环境，在这样的环境下，创意人员才能更好地增加创意。

（四）整合利用资源，具备风险管控能力

创意产业就是将各种产业有形、无形的要素资源进行整合，并通过高科技手段，将自然资源和人文资源进行开发重塑，通过资源的整合，原有的资源价值不断提升。能否发现现有资源的整合方向，是创意管理人才所必须具备的能力，缺乏资源整合能力，创意产业的市场将被大大缩小，也无法适应未来产业间融合发展的需要。由于创意产品的无形性及消费者评价的主观性等特点使得创意产业具有高投入、高风险性的特点，这对创意管理者的风险管控能力提出了更高的要求，创意管理者应该能够及时预测到市场上的潜在风险，并根据企业的具体情况进行合理的风险规避，尽可能地让企业化险为夷、转危为安。

三　中国创意产业人才现状

创意产业在中国起步较晚，但是发展速度很快。2009 年，北京市文化创意产业全年实现增加值 1497.7 亿元，占 GDP 比重为 12.6%，增幅达11.2%。[①] 如此快速的发展速度直接导致创意产业人才的相对匮乏。人才的缺失导致创意产业方面出现了颇多问题，一方面，因为缺乏原创性创意人才，中国创意产品大多数处于模仿阶段，无法赶超欧美等国的竞争性产品；另一方面，因为缺乏懂得创意产业性质的企业组织人才，很多创意产业无法实现有效运营，很多中小企业因为组织管理者的缺乏而处于倒闭边缘，即便存活下去的也无法获得市场的快速增长，更多沦为国外创意产品的代工加工工厂；再有，有些好的创意产品，因为缺乏市场经营者，即便花费相应的成本生产出来，但是得不到有效的市场推广而最后胎死腹中，创意产业多种人才类型的缺乏直接导致了中国创意产业发展长期处于不温不火的状态。中国创意人才存在的问题集中表现在以下方面。

（一）创意人才总量不足，供给远远小于需求

一个产业的快速发展，必然离不开该产业从业人员数量的增长和质量的提高。发达国家正是因为拥有充足的创意人才才带动了创意产业的蓬勃发展。如美国早在1999年专业性创意人才就已超过500万人，据Richard Florida的研究，现如今，美国的创意阶层的总数是美国劳动力总数的30%左右，达到3850万人。[②] 英国创意产业从业人数在2005年已接近200万；而韩国每年与创意产业相关的设计等专业的毕业生能够达到37000人。与这些创意产业发展较好的国家相比，当前中国创意产业从业人员总量远远达不到创意产业发展的需求。以动漫产业为例，目前市场的创意人才需求量是60万人，但专业动漫设计制作人员只有不到3000人。[③] 全国动漫专业的经营人才缺口1万人以上。江苏省的四大动漫产业基地，如果以每年产出20000分钟的片子来算，至少需要合格制作人员3000人，但是符合要求的制作人员还不到需求的15%。[④] 2010年的上海世博会中创意人才缺口巨大，多媒体设计人才缺口竟然高达8万多名。[⑤]

---

① 张京成：《中国创意产业发展报告（2010）》，中国经济出版社2010年版。

② Florida R. The Rise of Creative Class [M]. New York: Basic 2002.

③ 佚名：《国内创意产业与创意人才开发分析》，http://fz.ningbo.gov.cn/detail_24843_97.html。

④ 同上。

⑤ 人民日报海外版，《世博会是一个巨大创意呼唤中国创意人才培养》[ED/OL]. http://2010.qq.com/a/20090925/000034.html。

（二）创意人才结构合理性差

创意人才结构的不合理有以下几个方面的表现。首先，学历结构不合理。虽说创意性人才未必非要本科、研究生等高学历，但是随着创意产业市场运作的规范化，创意产业越来越多需要具有科班出身的有着扎实的理论和丰富的实践基础的创意人才参与其中，这样才有助于创意产业的国际化发展。但是目前中国的创意产业的从业人员，总体以高中、大专学历为主，据2006年中国创意产业发展报告统计，创意产业从业人员中有52.65%的人属于高中、大专学历，本科学历的只有17.71%，研究生学历的更少，只有2.36%；[①] 这样的学历结构虽然能让创意产业的发展以低人力成本来运营，但从未来长远发展来看，无法获得突破。其次，专业结构不合理。创意产品从生产到面向市场需要进行生产、组织和运营。也就是既需要创意的生产人员，也需要创意产业的管理人员和市场运营人员，但是相关创意产业发展报告显示，目前中国创意产业的从业人员以设计和编辑类居多，而对创意市场精通运营的管理者和组织者少之又少，占创意从业人员的三成还不到。对于那些精通创意产业的特点和市场化运营特点的高级复合型人才更是匮乏。创意人才学历结构的不合理及专业结构方面的不合理直接导致了中国创意企业在产品开发和市场推广建设方面无法获得竞争优势。

（三）创意人才总体素质较低

从美、英创意产业的发展经验来看，创意产业的发展离不开高素质的“复合型”人才，复合型人才必须是能够跨越传统产业领域，能够将不同产业领域的内容进行有机整合，并创造出更大的价值来。但是中国的创意人才大多数是从传统产业转移过来的，无法摆脱原有产业给其带来的惯性思维模式，且缺乏在创意产业领域的从业经验，半路出家者居多，缺少理论基础更缺少实践经验。此外，如果是首次就业就从事创意产业的人员又大多数面临着从业年限少、年纪小的特点，无法对创意产业的发展起到决定性的推动作用。相关调查显示，在中国创意产业中，20—25岁年龄段的从业人员成为主体，占从业人员的七成多，可

---

① 袁界平、张圆圆：《中国创意人才匮乏现状、原因解析及对策思考》，《科技管理研究》2009年第5期。

见，大多还是“新手”上路。[①]

创意产业是一个内容宽泛的领域，包括诸多行业，而这些行业之间又具有互通性，因此，需要大量复合型人才，即以某专业为主，又兼通其他相关领域知识。中国丰富的文化创意资源之所以得不到有效的开发而闲置，问题的根源就在于高级复合型人才的缺乏。而导致人才缺乏的原因主要在于中国目前的创新环境的缺乏。首先，中国的教育体制缺少对于学生创新思想的鼓励，更多地倾向于课本，循规蹈矩。其次，中国的企业家在现有的不合理的资源配置引导下，将精力更多放在房地产及能源等见效快、收益高的领域，对创意产业等风险高的新兴领域关注度缺乏。最后，中国人才浪费严重。这既包括原有的优秀人才由于用人机制等制度性原因不能充分发挥作用，同时也包括盲目引进高学历人才而不从实际出发制订人才培养计划，使人力资源严重浪费。创意产业经营人才的缺乏是制约创意产业发展的重要因素，也是中国几千年优秀文化得不到有效传播和认同的根本原因。

四　谷歌创意人才培养的成功经验

在对创意人才工作环境打造方面，谷歌公司的做法值得创意企业学习借鉴。谷歌作为一个市值达到1900亿美元的互联网巨头，其企业价值的打造是与公司创意人员的创造性密不可分的，谷歌公司的灵魂就是创新，为了能够激发工作人员不断进行创新，谷歌在企业环境打造方面下足了功夫，具体来说有以下几个方面。

（一）营造轻松的人性化工作环境

谷歌总部的工作环境，轻松写意，没有一般企业办公场所严格的上下级条块分割及严肃拘谨，处处体现着人性化的管理理念。谷歌给员工提供了丰富的免费餐饮，公司随处可见各种运动健身器材及休闲设施，还有专门的按摩房和洗衣间。为了方便员工上下班，谷歌提供了免费的班车和轮渡服务等。在谷歌，员工可以随意地喝咖啡聊天，分不清哪里是办公间，哪里是休闲区，工作就是生活，生活就是工作，正是这样宽松的人性化工作环境，成了谷歌创新思维的孵化器，造就了无穷的创

---

① 袁界平、张圆圆：《中国创意人才匮乏现状、原因解析及对策思考》，《科技管理研究》2009年第5期。

造力。

（二）相对自由的工作时间

相对于传统企业朝九晚五的工作时间，谷歌可真是做到了颠覆传统。谷歌允许工程师们有20%的工作时间可以自由支配，这20%的自由工作时间里，工程师可以做自己想做的事情，甚至于“正大光明”地玩游戏。正是这样赋予了员工更多的自由，很多员工的创作激情被点燃，据谷歌中国前总裁李开复介绍，公司大部分小创意都来自于这20%的自由时间，如Gmail、谷歌News等产品，这个制度所带来的回报也许无法用数字来衡量，但是它代表了一种自由的风气，成为吸引创新人才的一种有效途径。

（三）灵活高效的工作方式

与大企业严格的垂直型组织结构不同，谷歌实行扁平式的组织结构，让有智慧有创新想法的人结合成3—5人的小团队来针对关键问题，这种小团队既能够防止大组织中的“搭便车”问题，也方便进行小范围的绩效考核，并能让每个人的能力得到最大的发挥，充分调动每个人的积极性。谷歌有个内部交流平台，这个平台除了内部进行信息沟通之外，还鼓励工程师将自己创新的想法放进去，由其他人进行评价或者提出建议，最终还可能落实到具体的产品当中。

谷歌的创始人认为谷歌创造力的来源就是他们的员工，所以谷歌极大可能地通过方方面面的打造来赢得并留住创新型人才，谷歌的做法对于创意人才的培养提供了一个很好的借鉴。中国的创意产业起步晚，创意人才极其缺乏，学习谷歌等企业在创意人才培养方面的成功经验，对于吸引和培养中国的创意人才具有积极的作用。

第三节　文化资源

创意产业要想拥有持久的生命力，除了拥有创意人才和最新技术之外，必须拥有文化内涵。文化资源既是创意的来源，更是创意产业赖以生存的基础。没有了文化资源，创意产业就没有了灵魂，即便短期获得了发展，也只是虚假繁荣。

考察长城的价值，如果抛开历史、文化方面的考虑，单从物质方面考察，长城价值几何？长城当初用于抵御外敌的使用价值已经荡然无存，而其物质形式若以当今的技术水平来衡量，是具有复制的可行性的。但是如果我们以当今的技术水平在另一地点复制一个“长城”，虽然其物质形式与古长城雷同，但是不会具备古长城的历史文化价值，也难以形成“旅游景点”。

同样，我们考察一张音乐光盘的成本构成，除了制作成本和流通成本，还包括支付给作者的版费成本。两张物质形式（包括材质、尺寸、制作工艺等）相同的光盘，可能因为记录内容的不同而价格相差甚远。这种差别在软件产业表现得更明显。甚至一些软件可以不寄托于实物形式存在，而是通过网络传输直接完成销售过程。

由此可见，对于文化产品而言，其生产过程不仅需要劳动、资本和技术的投入，造成文化产品差别的很重要的一种要素就是文化资源。所以在分析创意产业的要素构成部分中，我们需要将文化资源视为一种新的生产要素投入，这是创意产业与传统产业所不同的特点之一。

一　文化资源是创意产品的生产要素

（一）文化

根据《辞海》给出的解释，文化是指人类在历史发展过程中所创造的物质财富和精神财富的总和，特指精神财富，如文学、艺术、教育、科学等。我们可以从两个方面理解这一概念：从形式上看，文化有物质文化和精神文化两种形式；从其价值体现而言，文化的本质体现在其精神价值。很多情况下，文化的物质形式和精神形式是相互依存的，例如，长城的价值在于它体现了中华民族艰苦奋斗敢于改造自然的精神，这种精神体现在构成长城的一砖一瓦以及城墙特定的组合中。没有长城的物质形式，长城的精神价值将随之消失；同样，如果没有相应的精神价值，在另外的地点使用现代技术复制一座类似的城墙，其价值也难以与现有长城相媲美。文化与文明是紧密地联系在一起的，文化只有发展到一定的程度，才有人类的文明和进步。随着经济的发展，文化和经济互相渗透，相互融合，相互支撑，互为动力。经济发展水平越高，人们对于文化的需求也就与日俱增，越发需要人们将文化与产品进行有机结合，实现物质产品和精神文化的融合。而文化发展到一定的水平也同样促进和带动了经济良性发展。如中国传统文化的仁义礼智信等元素对于约束市场参与者的行为，形成良好的市场秩序起到了很大的作用。

在人类早期的经济活动中，资源以有形的自然资源为主，例如土地、矿藏、河流。随着人类生产的发展和社会经济生活的复杂化，资源的内涵也在不断发生变化。人类在长期的经济生产活动中积累到的经验技能、创意想法、形成种种特定的模式等这些无形的内容，都可以成为新的生产要素即资源。资源的范围不断被拓宽，人力资源、文化资源等都被纳入经济资源的范畴。

（二）文化资源

文化虽然在人类的生产过程中诞生很久了，但是并不是有了文化就有了文化资源的。文化资源作为一种生产要素，是人类社会发展到一定程度的产物。在农业社会和早期的工业社会，人类的生产活动围绕着满足基本生存需要的产品进行。所有产品都以物质形式出现，产品价值也主要体现在其物质价值上。这一时期，虽然人类也创造了丰富多样的文化，但这些文化财富零散地分布在人们的生活、行为方式中，并没有和产品进行有机结合，既不能进入市场广泛流通，也不能集中而形成产业。因此这样的文化财富不能称之为文化资源。

创意产业出现以后，文化资源才作为其生产要素之一而得到重视。创意产业将各种文化财富集合起来，围绕其精神价值开发创意产品，创造出新的价值，文化资源成为真正意义上的生产要素。文化资源成为生产要素，是通过资本化的途径实现的。法国社会学家布迪厄（1989）是第一个提出文化资本理论的学者，他认为文化资本是一种表现行动者文化上有利或不利因素的资本形态。在某些特定条件下，它可以转换成经济资本，而且转换过程是以教育资质的形式制度化的。他将文化资本分成身体的形态、客观的形态及体制的形态这三种形态，所谓的身体形态的资本指的就是体现在行为者个人身上的教养、品位、感性等文化产物，这部分一般来自于家庭或者学校教育，但是形成时间比较长，无法通过交易或者赠予方式获得，身体形态的文化资本是另两种形态文化资本的基础。客观形态的文化资本指的是体现在古董、文物、书籍、绘画等实物上面的一种文化财富。客观形态的文化资本是可以通过交易来实现的，但是也必须以身体形态的文化资本作为基础，如购买古董的人除了具有相应的经济实力之外，还需要具备古董鉴赏的能力和水平。制度形态的文化资本将行动者掌握的知识与技能以考试等方式予以承认，并通过授予合格者文凭和资格认定证书等方式将其制度化。这是一种将个人层面的身体形态文化资本转换成集体层面客观形态文化资本的方式。从这一意义上讲，制度形态文化资本是一种介于身体形态文化资本与客观形态文化资本之间的中间状态。文凭是制度形态文化资本的典型形式。David Throsby（2004）认为，文化资本是继物质、人力及自然资本之后的第四种资本。文化资本是一种客观的存在，这意味着文化资本与物质资本一样是可以传承的。

文化资源不像自然资源那样先天地存在于世，它是后天积累的结果，因此它因时代不同而不同、因地域不同而不同。而且文化资源内容丰富、形式多样，既包括无形的文化资源如地方习俗、宗教信仰，也包括有形的文化资源如名胜古迹、宗教建筑物等。这些因素使文化资源的界定存在一定的困难。本书从创意产业的角度，认为文化资源是人类在社会经济活动中交互作用、长期积累而形成的共同要素，这些要素可通过产业开发形成某种产品或服务并进入市场满足消费者的需求从而产生实际的经济效益。

首先，文化资源是人们交互作用的结果。人们在长期的社会经济活动中形成特定的生活方式、风俗习惯、建筑风格、艺术品位和娱乐方式，都构成文化的一部分。文化是这些活动的总和，它是一个整体现象，不是个别现象。例如每个人都有自己的价值观，人和人之间的价值观各不相同，但是生活在同一区域和同一时代的人在价值观上往往有很多相同的地方，比如欧洲人信仰基督教、中东人多信仰伊斯兰教、印度人信仰印度教，这些价值观中相同的部分，就变成了特定地区特定时代的文化。而人和人之间那种千差万别的价值观并不构成文化。这里的区域可大可小，时代可长可短，人群可多可少，没有明确的界限。宗教信仰的影响范围可达几个国家、几个世纪的人群，而某种流行音乐可能只影响了几万人的小群体、只流行了几年甚至几个月时间。因此，要界定某种要素是不是文化资源，就要看其是否经过了某种社会的积累，它的形成是否是很多人交互作用的结果。人的广泛参与性是文化资源形成的社会基础。

其次，文化资源是社会积累的结果，也是特定时空的人类行为特征的表达。文化是特定人群中普遍存在的且具有稳定性的行为特征，它是社会积累的结果。人类行为只有经过一定时间的积累才能形成文化资源，正因为这样，文化资源具备了特定时空人类行为特征的表达功能。

《红楼梦》通过描述一个封建大家族走向衰落的过程，表达了中国封建社会后期大家族的生活方式；长城沿山而建，连绵数千里，并有密集的烽火台，再现了古代诸国争霸的战争场面，同时城墙经历数百上千年依然矗立不倒，体现了古代中国人民高度发达的建筑智慧和吃苦耐劳的奋斗精神。

最后，文化资源是文化财富中能够产生经济效益的那部分内容，即文化资源可以资本化。文化价值的积累以财富的形式表现出来就形成了文化资源，文化物品和服务因为有了文化价值的积累而进行市场流动，并产生经济效益。这意味着，一方面文化资源的经济价值主要体现在其文化价值上而非物质形式上，例如长城的经济价值体现在其历史文化价值上而非城墙建筑本身，人们愿意为物品的内在文化含义而支付更高的价格；[①] 另一方面，文化价值并不是自然产生的，不经过产业开发，文化价值无法变成真正的经济价值。比如长城，如果未经开发，那就是一堆废砖，既失去了御敌的作用，也没有被赋予旅游价值。具有巨大文化价值的一些历史遗存的风俗、信仰等，没有经过开发，在变成商品之前无法直接进入市场交易，其经济价值也无法实现，但是如果对这些无形的文化资本进行产业化开发，以有形产品或服务的方式进入市场交易，其价值就会实现从文化价值到经济价值的转换，并最终产生真正的经济效益。[②] 中国有着悠久的历史，文化遗产众多，还有很多并没有经过开发，没有变成产品进入市场进行交易，甚至没有得到地方政府的保护，这是对文化资源的浪费，必须要得到充分的重视和开发，才能够发挥文化资源的价值。

文化资源是人类劳动和智慧的结晶，是一种社会积累，人类社会中的文化资源是不断增加的。一栋建筑物的早期价值只在于其物质形式和相应的使用价值，但是随着时间的积累它可能会被赋予某种文化价值，且这种文化价值远远超过了其物理价值。封建社会里故宫是最高权力的象征，是皇帝和大臣们办公的地点，是普通百姓的"紫禁城"，随着封建王朝的解体和新中国的成立，故宫的功能和价值也实现了转变，由权

---

① 吕庆华：《文化资源的产业开发的文化资本理论基础》，《生产力研究》2006 年第 9 期。

② 同上。

力中心转变为文化遗产。故宫的功能转变经历了一个较长的历史时期，另外一些建筑物的功能转变则是在较短时间内完成的。北京著名的798艺术区，因为聚集了大量的艺术家而蜚声中外，但是它在20世纪80年代只是一个工业区，并且日渐衰落，迫于生存压力，被迫将闲置的厂房出租，最终吸引了艺术家的自发聚集，798艺术区也因此诞生并日益繁荣。上海老场坊也有类似的转变，这里曾是一个屠宰场，如今被改造成文化艺术区。除了有形的文化资源，还有无形的文化资源，如语言、宗教、音乐、风俗、传说等。这类文化资源由特定的人群所拥有，能提升特定人群在创意产业方面的竞争力。由于历史上印度曾是英国的殖民地，印度将英语作为官方语言，这使得软件产业在印度落后的经济体中一枝独秀。而作为移民国家，美国随着世界各地移民的涌入，这些移民所带来的不同民族文化相互碰撞融合，形成了美国多元化的文化特征，也使得美国文化资源格外丰富，促进了美国创意产业的发展。

（三）文化资源与创意产业

文化资源作为一种全新的生产要素，对创意产业的发展有着重要的意义。英国学者 Landry 在其代表作《创意城市：都市创新的工具书》中指出，文化是创意的平台与资源。文化是创意之源，缺少丰富的文化资源，创意产业就是无源之水。与矿藏、石油、森林等自然资源相比，文化资源具有取之不尽用之不竭的特点，并且可以被重复开发利用，在开发利用中，文化资源往往还会散发出新的生机和活力以区别于旧有的产品，随着人类活动的前行，文化资源会不断被积累，这也就使得创意的来源可以无限延伸。如中国四大名著《三国演义》、《水浒》等被各类媒体在不同时代对其进行了开发和解读，演变成电视剧、电影、图书等等，并且随着时代的不同，其开发仍在继续，且在开发过程中，又有新的衍生版本诞生。创意产业在文化资源的开发利用中，可以充分地利用文化资源的跨界性特点。文化资源的跨界性特点告诉企业进行创意产品的开发和利用不仅仅可以利用本国的文化资源，更可以对国外文化资源进行有效利用，将中外文化进行有机结合，打造全新的创意性产品。近几年，中国的文化资源被国外抢占先机，造成文化资源外流的情况时有发生，如中国传统故事《花木兰》被美国迪士尼公司抢先开发作为动画大片在全球公映，票房很好；日本也将中国的经典名著《三国演义》开发成网络游戏，赚得盆满钵满。这些都说明了文化资源的公共性和跨界性特点，这就意味着应该以国际性眼光来对创意产业的文化资源要素进行开发。

文化创意产品是物质资本和文化资本的统一，其表现的物质性方面假定了经济资本，表现的符号性方面假定了文化资本。最早的文化创意产品是以其物质性特征为主体的，符号性方面占的比重很小，随着经济的发展，文化资本附着在创意产品的物质形式中，给产品带来的增值远远超过了其物质性方面。从根本上说，被附着品价值的增大来源于所开发利用的无形文化资本的价值。音乐光盘等电子出版物的经济价值大部分来源于其文化内容，其存储介质的价值只占很小一部分；对于古董、油画等艺术品来说，他们的物理价值几乎可以忽略，其高昂的价值基本上都来自于文化内涵。现有的产品只要能够挖掘出其内在的文化内涵，价值就会大大提升，可以实现从产品使用价值到高端附加价值的突破。如中国的茅台、水井坊及泸州老窖等高端白酒，虽说其产品本身也确实有其与众不同的使用价值，但是其价值的提升更多的还是在于其对中国传统文化的挖掘，其定位也在于其文化品位的不同，如茅台就强调红色文化，并将其打造成富贵酒、官员酒的代名词；而水井坊酒则更多地追求“风雅颂”的文化诉求，打造其王者风范。而国外的高端酒如拉菲则是传递着其对法国近700年贵族文化的传承。从市场价值上看，因为有了文化因素的加入，产品的价值也得到了极大的提升，上述的这些高端酒因为文化因素的加入，产品价格动辄上千元，实现了价值的飞跃。

文化资源与创意产品是循环加强互相促进的关系，文化资源是创意产品生产的必要条件，而创意产品的丰富又增加了文化资源的积累。一项文化创意不仅可以直接作为商品进入市场获取价值，而且还可作为要素投入到其他产业里，向消费者提供新的价值元素（厉无畏，2008）。例如文学创作作为创意产品直接进入市场实现其价值，获得市场认同后再推出与之相关的电影、游戏等产品，这时候原来作为创意产品的出版物就成为新的创意产品（电影、游戏）的文化资源。如职场小说《杜拉拉升职记》讲述一个默默无闻的小职员经过不懈努力成为企业高管的故事，这本小说因符合城市白领的心理诉求而风靡一时，甚至由这部小说所讲述的故事而引起一股“升职文化”潮，影视文化界看到这部作品背后的价值增长潜力，《杜拉拉升职记》的电影版、电视剧版于2010

年推出，其中电影版《杜拉拉升职记》上映 13 天就票房过亿。此外，还有人推出话剧版《杜拉拉升职记》。而动画片《喜羊羊与灰太狼》的热播更使新的创意产品不断出现，不论是玩具市场还是服装市场抑或是餐饮市场，到处都充斥着喜羊羊的影子，使得这部动画片成为当之无愧的吸金王。这部动画片不但在电视荧幕上成为家喻户晓的明星，从 2009 年开始，连续几年拍出喜羊羊与灰太狼之牛气冲天、虎虎生威、兔年顶呱呱、开心闯龙年等贺岁片，大获小朋友的追捧。

文化资源对于创意产业有着重要的意义，如何充分地开发利用现有的文化资源，并将其变成创意产品推向市场，是创意产业发展需要重点关注的内容。

二　文化资源转换成创意产品的形式

既然文化资源是创意产品的生产要素，那么一个国家或地区多年形成的地域文化因素必然会对该地的创意产业发展产生深刻的影响。而创意产业也必然在其产品及服务内容上会不同程度地体现出当地的文化特色。文化资源的表现形式多种多样，因为文化体现在生活的方方面面，是人们生活中不可分割的一部分。将文化资源合理地转化为创意产品才能够实现文化资源的价值，现有的文化资源可以从以下几个方面转换为创意产品。

（一）原创型创意产品

对于创意产业来说，越是原创型的创意产品，越是能够体现创意产业的特点。但是越是原创型的创意产品，越需要深厚的文化底蕴，需要创意者在长期文化的累积下在特定的环境中将文化资源变成创意产品。原创型创意产品的诞生是很困难的，因为原创属于由无到有，所以一方面它要求创造者具有深厚的文化内涵，有着长久的文化积淀；另一方面也需要创意者在合适的环境下激发创意和灵感。像国外及中国很多的图书和影视作品都属于原创型的创意产品，在这些作品中都体现着创意者对文化的认知和理解。如四大名著《红楼梦》除了体现出作者曹雪芹的文学素养，更是清朝末年官场文化的一种集中体现。这些现实生活中的文化因素以鲜活的形象被曹雪芹写入了书中，给后人再现了当时官场的兴衰。而盛极一时的作品《哈利·波特》的诞生，也让我们对这部小说的作者杰克·罗琳产生了极大的关注，通过对作者创作之前生活的了解，我们发现，这部小说的诞生是与作者阅读了大量的文学书籍，在小说创作方面积累了足够的知识分不开的，而这部小说的内容也能体现出英国人在思想方面天马行空、自由自在的文化特点，小说也将英国人比较崇拜个人英雄主义的特点展露无遗。广告作品、影视节目等等在最初播出的时候都是创作者原始创意的体现，属于原创型创意产品，只要符合市场的需要就能够获得认可并取得可观的经济收益。

（二）发掘型创意产品

这类创意产品主要是在已有的文化产品基础上，经过相应的加工，将其变成崭新的创意产品。这类产品在现实中比较多见。对已有文化产品进行新的发掘，要求创意者对市场有着敏锐的洞察力，能够了解市场需求，将产品进行全新打造和包装，改变成符合现世需求的创意产品。已有的文化资源是静止的、不变的，但是在不同的时代理解是不同的，是动态的。这就给旧有的产品赋予了全新的意义。时代在变化，文化资源也必须与时俱进，与人民的需要紧密结合，才能体现出文化资源的强大力量。我们在上面提到的中国名著《红楼梦》，其题材以舞台剧、电影、电视剧等多种媒体方式被演绎，既是因为不同消费群体对于产品的需求形式不同，也是随着时代的推进和技术的进步，借助最新的技术能够将其更好地进行展示，更是由于新时代创作者和消费者对该作品有了不同理解，所以需要进行重新解读。在对传统文化进行发掘的基础上，新的产品也展现出来，如2006年因为要翻拍红楼梦，北京电视台启动了大型的选秀节目“红楼梦中人”，该栏目将红楼文化在全民范围内进行了广泛的普及。在每场精彩的选秀活动中，人和景配合交融，让观众看到一个个经典的红楼故事在现场的演绎，再加上具有专业修养的评委们高质量的点评，让观众在娱乐放松的同时，也重温了巨著中的经典故事，又一次地受到了中华传统文化的熏陶和洗礼。随着红楼选秀节目的轰轰烈烈上演，民间也刮起了一股阅读《红楼梦》、议论《红楼梦》、研究《红楼梦》、思考《红楼梦》、学红学知识、重温老版电视剧《红楼梦》的热潮。海选在一定范围内掀起了国学热，对于弘扬民族优秀文化传统起到了积极作用，这些都立足在本土化的基点上。除此之外，该创意节目不但促进了传媒业的发展，更带动了选秀地区旅游、餐饮等传统产业的发展。

（三）结合型的创意产品

文化的形成是一个不断传播、融合与发展的过程，中华民族文化的形成就是五千年来各民族文化融合的过程。进入近代社会，人类文化交往的范围进一步扩大，全球化使各国经济、文化交流更加频繁，文化融合的进程进一步加快。原有的文化与新文化不断碰撞交融，衍生出一些新的文化现象，这些文化现象也成为我们值得利用的文化资源。企业充分地利用了这些融合后的文化资源，为企业的创新提供了重要的来源。例如中国一二级城市在楼房建设中已经开始注意不设 4 层、13 层和 14 层等，这些既是为了符合中国人传统对于 4 这个字的忌讳，同时也响应了国外对于 13 这个数字的回避；而一些外企到了中国之后也开始本地化经营，如肯德基开始销售中国特色的食品油条、豆浆、盖饭，等等。在传媒业，创意产品的借鉴比比皆是。如 2004 年开始，2005 年红极一时的湖南卫视《超级女声》就是吸收借鉴了荷兰的《老大哥》的电视选秀节目，并在此基础上有了一定的发展。而 2013 年火爆的真人秀父子互动节目《爸爸去哪儿》，该节目版权和模式购自韩国 MBC 电视台的《爸爸！我们去哪儿?》。该节目在国内播出之后，收视率从第一期的 1. 5 左右一路攀升破 5，是典型的结合型创意产品的成功。该节目的成功也在于不仅仅是对于韩国节目的复制，而是和中国本土文化进行了有机结合，体现了亲情、友爱、父爱回归的元素，所以比最初的韩国的源产品获得了更大的成功。除了世界文化融合而产生新的文化资源之外，不同知识领域之间也开始有了融合的迹象，并为创意产品的诞生提供了重要的素材。今天，知识和知识之间的界限已经不像过去那样不可逾越，恰恰相反，当不同的知识跨越原有的界限，突破旧有的壁垒之后，新的产品跃然而出，创意产品也就有了更丰富的内容和表现。如餐饮业和中医药理论相结合后诞生的药膳备受追捧；农产品与传统文化相结合而开发的新产品，如刻字苹果、西瓜等。这些不同知识领域结合而诞生的新产品不但能够满足消费者的需要，更提高了生产企业的附加价值。

三　文化资源转变成创意产品的成功案例——肯德基在中国的本土化经营策略

虽说受到六合鸡等不利因素的影响，但是肯德基仍是备受中国人喜欢的西方品牌之一，自从 1987 年肯德基在北京天安门广场附近开设第一家中国分店以来，肯德基连锁店的数量不断增加，如雨后春笋般在神州大地蔓延，在1987—2004年的17年时间里完成了1000家餐厅的布局，肯德基在短短六年时间从1000家餐厅开至3000家，之后仅用了两年时间便新开了1000家餐厅，目前在中国的门店数量已突破4000家，是其主要竞争对手麦当劳的三倍，真可以称得上是成绩辉煌。① 肯德基的成功是与其对于中国本土文化的认识密不可分的，这主要体现在以下三个方面。

首先，经营战略上的本土化。肯德基在进入中国之前，就有专门人员对中国的文化环境因素进行仔细的研究，并确定了“立足中国，融入生活”的本土化策略。肯德基不但制定了明确的战略，为了适应中国的市场，更是派出了被称为“台湾帮”的领导团队，② 这些领导者大多来自中国台湾或者亚洲其他国家的华人。这些领导虽然绝大多数在西方受教育，但他们也同时都了解中国传统文化，这使得他们更容易了解中国国情；这一高层上的决策，使得肯德基对于中国市场有着直觉和深刻的了解，也直接促成了肯德基在中国的成功。

其次，口号及宣传的本土化。肯德基提出了“为中国而改变，打造新快餐”的口号，并在广告宣传上努力符合中国人的需求。如肯德基推出的广告基本上都是突出中国人的家庭观念，强调家庭归属感，这种广告理念完全符合中国人的文化观念。如，肯德基全家桶的广告通过对一个普通家庭三代人在回家路上“不约而同”地购买肯德基全家桶作为晚餐的演绎来突出中国家庭对于肯德基产品的接纳，并在广告细节方面完全体现中国家庭的文化特点，如奶奶买菜、爷爷接孙子放学等。除了广告宣传，肯德基在品牌宣传上也体现中国特点，如其品牌宣传口号“有了肯德基，生活好滋味”，被使用了十年并于2010年6月份更改为“生活如此多娇”，其每一个口号宣传都是体现了中国人对生活追求的特点。肯德基的广告设计基本上都能设定一个美好的人与人交往的场面，倡导一个有理想有追求的信念，这样的设置与中国人的“礼”的追求不谋而合，是一种对中国人传统观念的应和。

---

① 佚名：《肯德基中国门店数量是麦当劳的三倍》，http：//www. ccfcc. net/articledetail－16382. html。

② 佚名：《肯德基中国经：“台湾帮”管理＋本土化经营》，http：//info. hotel. hc360. com/2009/09/281451142312. shtml。

最后，产品的本土化。肯德基进入中国后，抛弃了汉堡、薯条、炸鸡腿的老三样产品，为中国用户专门研制了符合中国人需要的产品并根据地域的不同而进行专门化的设计。如在北京推出老北京鸡肉卷，在广州推出粤味咕唠肉，四川推出香辣子鸡，等等。此外，为了适合中国人对于饮食的习惯，肯德基还推出了符合中国人需求的粥（皮蛋瘦肉粥、枸杞南瓜粥等）、豆浆、油条、盖饭（匈牙利炖牛肉饭、意式翠蔬烤鸡腿饭、干烧凤尾鲜虾饭等）、汤等。

通过上述分析我们看到，肯德基的成功正是因为牢牢地抓住了中国人的文化特征，并在对中国文化深入了解的基础上，将文化因素灵活地运用在其创意产品的开发和打造方面，中西方文化进行有机的结合，并将对中国文化的理解充分地运用在其产品开发及企业管理方面，最终获得了竞争的胜利。

第四章 创意产业发展的市场需求条件

创意产业的发展除了需要具备一定的要素禀赋满足其自身发展的基本需求之外，还必须拥有足够的市场需求，市场需求是引导某个产业走向繁荣的必备条件，缺乏市场需求的市场没有办法做强做大，只会走向消亡。创意产业发展需要具备的市场需求条件包括消费需求结构升级，产品价值构成的演变，产业价值链增值环节的转移和引致需求结构的变迁。

第一节 消费需求结构升级

生产的目的是为了消费，产品只有满足消费者的需求才能实现它的价值。古典经济学用“萨伊定律”描述供给与需求的关系：供给创造自己的需求。萨伊定律的隐含意思是，生产者在生产过程中创造了价值，从而形成购买力，这部分购买力必定要用于购买其他生产者的产品，因此在一个完全自由的市场经济中，社会的总需求始终等于总供给。

凯恩斯提出的“有效需求不足”理论推翻了萨伊定律。凯恩斯认为，由于存在边际消费倾向递减规律、投资边际收益递减规律以及流动性偏好规律，一国经济实际上会出现“有效需求不足”的现象。有效需求不足会导致就业量的不足，经济陷入萧条。宏观经济研究认为，消费是国民经济的重要组成部分，扩大需求有利于促进国民经济增长。在市场经济条件下，市场需求是一切经济活动创造价值的检验标准，而消费需求是社会总需求中份额最大的部分，也是社会的最终需求。

经济能否增长不仅受消费总量的影响，同时也与消费结构密切相关。对于消费结构的理解，可以从不同角度来进行，从广义来看消费结构指在GDP的支出构成中，最终消费中政府消费和居民消费所占的比例；从狭义来看消费结构指居民各项消费支出（不同类型的消费项目，如衣、食、住、行、娱乐、教育、旅游等）在居民消费总支出中所占的比重及其相互关系。既可以从消费层次结构分析（生存性消费、发展性消费和享受性消费），也可以按照消费主体进行分析（高收入、中低收入阶层的消费人数、消费总量、消费形态上的构成）。每种分析方法都有其意义和价值，本书所分析的消费结构是指居民各项消费支出（不同类型的消费项目，如衣、食、住、行、娱乐、教育、旅游等）在居民消费总支出中所占的比重及其相互关系。德国经济学家恩格尔经过长期研究得出了经济增长与居民消费结构之间的关系并成就了恩格尔定律。恩格尔定律指出，随着消费者收入水平的提高，居民用于食物方面的支出比例会下降，用于住房方面的支出比例大致不变，用于教育等方面的支出比例会提高。美国的发展经验表明，随着经济发展程度的提升，消费结构也如恩格尔所说的会呈现相应的变化趋势。长期以来，美国居民的消费支出呈持续增长态势，巨大的国内需求促进了美国经济快速发展。生产发展反过来又为消费提供了丰富的物质基础。美国居民早已不再满足于物质消费，而开始追求高质量、高品质的生活，更多支出花费在能丰富人们精神生活的服务层面，已经形成了以服务消费占主要部分的消费结构。

表4-1　**美国居民各项消费支出占居民消费总支出比重**　（%）

	食品消费	服装消费	家用设备	医疗保健	交通消费	娱乐消费
20世纪30年代中期	33.6	10	—	—	9.3	3
1995年	15.77	6.5	11.33	17.54	18.1	8.1
2007年	14.65	5.27	9.88	20.68	19.1	8.66

数据来源：根据李淼《浅析美国消费需求结构的变化》一文数据整理而成。

通过表4-1可以看出，美国居民消费支出中用于维持日常生活的消费（如食品消费、服装消费）支出占比持续下降，而医疗保健、交通消费的支出占比不断上升，娱乐消费虽然占居民消费总支出比重仍较低，但是呈明显上升趋势。这种变化说明随着经济发展水平的提高，居民生活水平的不断改善，支出结构也发生了变化，人们越来越关注自身健康，更注重生活上的便利与享乐。不仅仅是美国，20 世纪 80 年代后期，世界各发达国家的居民基本上都出现了类似消费结构的变化。人们不再追求物质产品的更大消费，而是更加注重精神方面的追求，需要产品中富有更多的“知识价值”，而这种知识价值蕴涵着大量的创意元素。

一　消费结构对创意产业发展的影响

消费是生产的目的，也是生产的动力，消费需求结构会直接影响消费品的生产结构，进一步影响消费品所在产业的发展，从而影响产业结构升级。按照马斯洛需求层次理论，人们的需求是有等级的，从最基本的生理需求到最高层次的自我实现的需求。越低层次的需求越需要首先被满足，越高层次的需求越后被满足，低层次的需求没有满足是不会产生高层次的需求的。很显然，精神层次的需求是在物质需求之后的需求，在基本的物质需求得到保障后，人们就会产生出精神需求。物质需求对应农业、工业等传统产业的发展，而精神层面的需求反映在生产结构上更多表现为创意产业的发展及创意产业对于传统产业的改造。创意产业的发展既是消费需求结构升级的必然结果，又是对于消费结构升级的再次促进。随着人们收入的提高，市场需求也会发生改变，人们对于缺乏创新的旧产品需求逐渐减少，对新产品需求迅速增加，促使研发等技术创新速度加快，技术变迁加速了衰退产业的衰退，生产要素等转移到新产业，新旧产业地位更换，产业逐渐升级。创意产业正是在这个过程中胜出的新兴产业，并会随着经济发展消费者收入水平提高而逐渐演变成经济主导产业。

首先，创意产品作为创意产业经营内容，其需求与消费者的收入水平紧密联系，是收入弹性大于 1 也就是收入富有弹性的产品，当消费者的收入水平提高，就会产生对创意产品的需求，收入水平达不到一定的程度，无法产生对创意产品的需求，所以创意产品的需求是国民收入增长的必然结果；创意产品又由于其风险性及个性化生产的特点，无法实现规模经济，使其在经营的过程中不会以低价销售，而创意产品又不是生活必需品，是富有价格弹性的商品，这些要求消费者的收入达到一定程度，能够对创意产品的价格有一定的承受力，而这点是创意产业发展的需求条件，这也恰恰是符合经济发展趋势的。

其次，创意产品是满足消费者发展和享受型的产品，即便对于短期内消费水平较低的消费者，仍然存在着对于创意产品的未来需求，这点是和衣食住行的物质产品截然不同的，衣食住行是生活必需品，是现实需求，而创意产品是潜在需求。一方面，随着人们物质生活得到保障，精神需求凸显，娱乐、图书、展览等文化消费品就有了市场基础，文化消费者对待文化消费品有求新、求异、求变的心理，对文化消费品的内容、形式、质量等发现的创新要求越来越高，这就要求文化消费品在创造时必须以创意为核心；另一方面，消费者在对商品进行消费的时候，不再停留于对商品实用性的追求上，而是更多注重产品向外延伸的部分，如产品的品牌、包装、外观设计以及商品本身所传达的一种品位、观念等，这就要求物质商品的生产过程必须融入文化创意元素，以区别于其他同类产品。消费结构的升级和创意产业的发展是互相促进的关系，并能通过互相促进来实现自身的良性循环。

消费需求结构的升级对于创意产业发展具有重大意义，是创意产业发展的必要条件。和其他产业相比，创意产业是经济发展到一定阶段的产物，在经济发展水平低的国家和地区，消费者主要是满足于基本的温饱需求，无法将消费上升到文化和享受性需要，创意产业自然也就无法获得发展，当经济发展水平达到一定的程度之后，消费者的物质需要得到了基本的满足，对于文化等精神方面的需求就提上了日程，创意产业的发展获得了市场需求的必要条件；此外，对于已经实现消费结构升级的国家和地区，一方面具有对创意产品的极高需求，如美国等发达国家，对于影视产品的需求要远远高于非洲等落后地区；另一方面发达国家由于具备很高的经济发展水平，可以对创新性技术、优秀的创意人才及文化等要素资源进行充分的挖掘，大多数具备了创意产业发展的供给条件，在供需的双重作用下，创意产业的发展条件成熟，创意产业也自然就顺势而生并获得发展。所以说，没有消费结构的升级，想在初级消费阶段大力发展创意产业就是纸上谈兵，一句空话。

二　中国消费结构的情况

目前，中国居民消费结构仍然处于较低层次上。首先，中国居民消费率明显偏低。2008 年中国居民消费占 GDP 的比重下降到 35.3%，比一般国家的占 60%—70% 低近一半；其次，城乡居民消费不平衡且差距不断扩大。1990 年城镇居民人均消费支出是农村的 2.2 倍，2008 年扩大到 3.1 倍；最后，城镇居民消费支出结构层次较低。根据国家统计局统计年鉴的分类标准，可以把消费支出分成食品、服装、家庭设备用品及服务、医疗保健、交通和通信、教育娱乐文化服务、居住及其他商品和服务等八大类。从历年的统计数据中可以看出，虽然中国城镇居民消费支出中食品和服装支出的比重在下降，但是截至 2005 年的食品消费支出比重仍在 30% 以上，大约相当于美国 20 世纪 30 年代中期的水平。2005 年中国包括教育、娱乐、书报等文化产品在内的消费支出仅占居民消费总支出的 13.817%，2007 年美国仅娱乐消费就占居民消费支出的 8.66%。中、美之间医疗保健消费占居民消费支出比重差距更大。1995 年美国居民医疗保健消费占消费总支出比例为 17.54%，2007 年这一比重上升到 20.68%，而中国居民医疗保健消费占消费总支出比重在 2005 年仍为 7.565%。

表 4－2　**中国城镇居民家庭人均消费支出的构成**　（%）

	食品消费	服装消费	家庭设备	医疗保健	交通通信	娱乐教育	居住	杂项
1985 年	52.246	14.563	10.677	0.927	2.138	8.171	4.788	6.49
1995 年	49.922	13.546	8.394	3.113	4.834	8.84	7.072	4.279
2005 年	36.692	10.078	5.621	7.565	12.548	13.817	10.181	3.496

数据来源：根据《中国统计年鉴》整理。

通过上述数据能够看出中国消费结构还处于低级水平，食品消费支出在城镇居民家庭人均消费支出的构成中占比最大，这种低级水平的消费结构对于中国当前创意产业的发展是一种极大的制约，但是从纵向来看，中国消费结构在逐年改善，城乡居民的消费结构也在往高度化方向发展，这种发展是创意产业发展的良好时机。图 4－1 至图 4－5 很好地展示了中国居民消费结构的变化情况。

由图 4－1 可以看出，近 29 年来中国城乡居民的恩格尔系数均呈现出比较明显的下降趋势。恩格尔系数是衡量消费者消费水平的一个很重要的指标。恩格尔系数的下降，意味着中国居民食品支出比例的减少，娱乐教育及文化服务比重的上升以及医疗保健、交通通信和其他商品与服务消费比重的增加，这些都显示了消费结构随着收入增加呈现出多样性和丰富性的特点，这一变化，某种程度上表明了消费结构的优化。

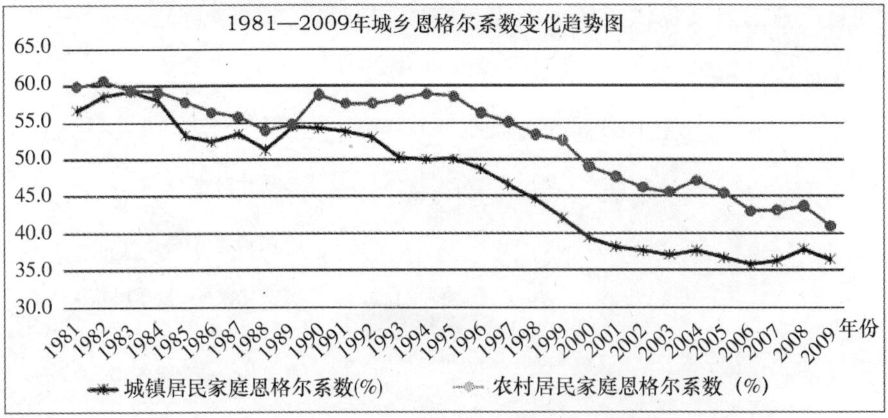

图4-1　1981—2009年城乡恩格尔系数变化趋势图

另外，在居民各类消费品内部结构的变化也是显而易见的。以居民的食品、家庭设备用品及服务的消费为例，食品消费中粮食消费的比重在不断下降，而副食品和烟、酒、茶、饮料类的消费比重在不断上升；家庭设备用品及服务的消费，虽然在总消费支出中的比重趋于稳定，但是其内部结构不断多样化，变化更为频繁，人们的需求越来越朝着多功能、智能化、信息化的方向发展。微波炉、洗碗机、消毒柜、冷藏柜等高科技含量的、方便快捷的工具逐渐进入人们的消费领域，极大地提高了人们生活水平和舒适程度。这些变化都体现出了消费结构优化升级所带来的便利和消费效用的提高。

从图4-2到4-5可以看出，从1990年到2009年近20年的时间里，居民消费结构的变化是很显著的，虽然直到2009年为止，中国城乡居民的食品支出仍然在总支出中占比最高，但是居民在教育文化、娱乐服务消费、交通通信等改善性支出方面的比重有了更大的提高。如2009年城镇居民教育文化娱乐占城镇居民消费支出的12.01%，比1990年的9%提升了3个百分点，交通通信支出比重达到了支出的13.72%，比1990年的1%也有大幅度提升。同时，在农村居民消费结构中，教育文化娱乐服务占到了8.53%，交通通信消费比重达到了10.09%，同1990年的5%和2%相比，分别提高了3.53和8.09个百分点。居民消费结构的变化对于创意产业的发展具有积极的作用，且随着中国总体经济的不断前行，这种变化也在继续往前发展，为中国未来创意产业的发展提供了巨大的需求空间。

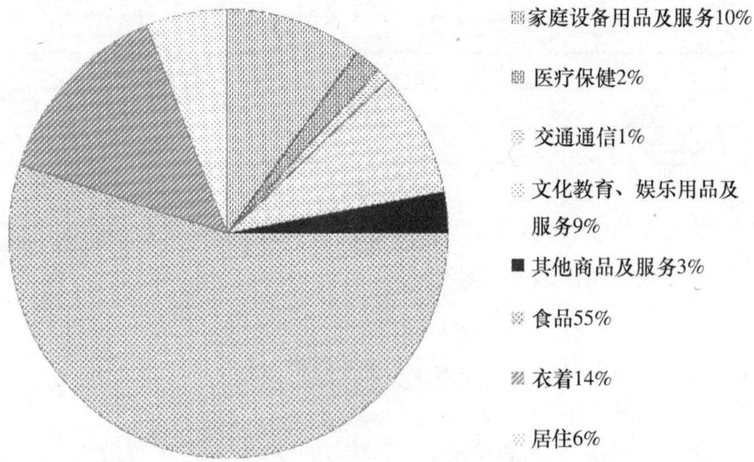

图4－2　1990年城镇居民消费结构

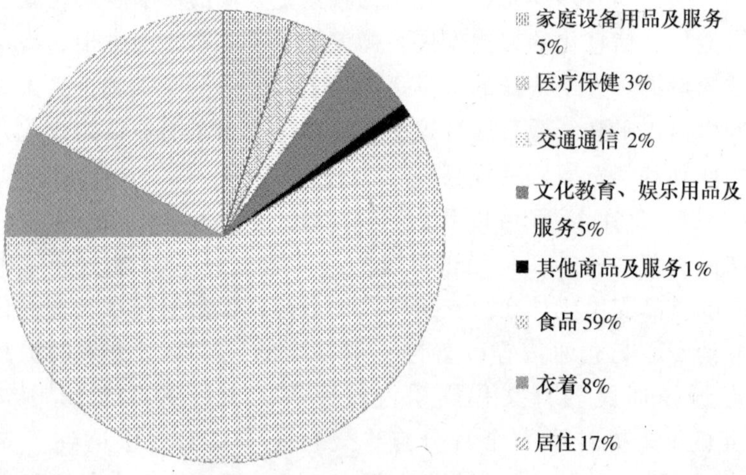

图4－3　1990年农村居民消费结构

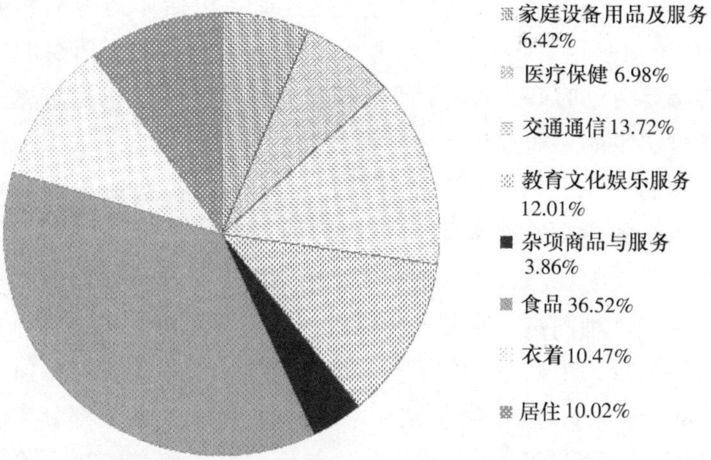

图 4－4　2009 年城镇居民消费性支出构成

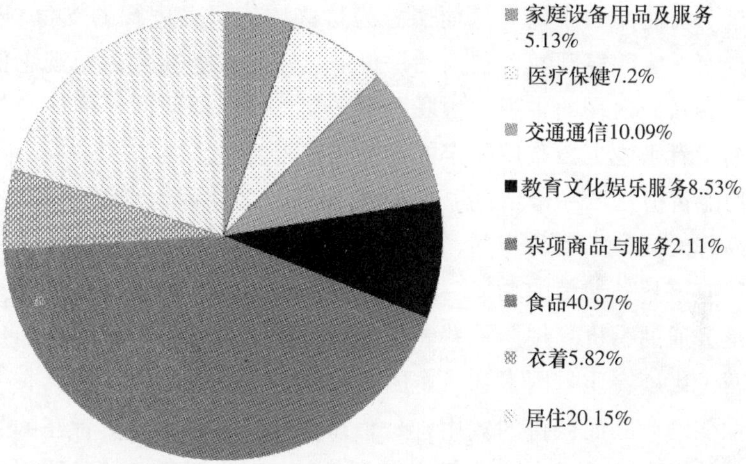

图 4－5　2009 年农村居民消费性支出构成

第二节　产品价值构成的演变

一　产品的价值构成

马克思在《资本论》中认为商品由使用价值和价值构成，其中，商品价值是凝结在商品中的无差别的人类劳动（包括体力劳动和脑力劳动）。使用价值是指某物对人的有用性，并认为商品的价值量的大小应该用社会必要劳动时间来进行衡量。马克思对商品价值的衡量更多是从生产者角度出发的，通过生产者生产产品所花费的成本来进行衡量，但是市场经济的今天，商品价值的衡量已经不仅仅要从生产者的角度出发，而是更多的要交给消费者。

按照经济学的观点，价值是对商品给消费者带来的效用也就是对消费者满意度的一种衡量。商品的价值应该从消费者角度来进行衡量，而不是用厂商的投入来衡量。从消费者的角度看，产品的市场价值由功能价值（Function Value）和观念价值（Concept Value）两个部分构成（厉无畏，2004）。厉无畏所认为的产品功能价值就是商品的核心价值，是从商品给消费者带来物理属性的角度来衡量的。而观念价值则是商品在满足人们对其物理属性需求的同时，因为商品所具备的内在的文化内涵属性，如商品所能传达的品位、风格、情趣等文化内涵属性，使得消费者超过了对商品的预期，从而愿意为这些增值所多进行的支付。[①] 功能价值具有一定的客观性，在商品评价中比较容易标准化，而观念价值则是更多和人们内在的主观评价联系到一起，所以即便同样的商品对于不同的消费者来说也很难用固定的标准来进行衡量。

功能价值是产品价值的基本组成部分，又被称为产品的核心价值，不同品牌的同种类型的产品，其功能价值没有太大的差别，就像只要是手机就应该具备通信的功能一样，不管价位高的还是价位低的，是智能的还是普通的手机。按照消费者感知利得和利失可将产品的功能价值划分为两个维度：质量因素和成本因素。前者即消费者因使用具有一定质量和性能的产品而获得的效用，是感知利得；后者是消费者在购买、消费以及处置商品过程中，由于信息不完全、沟通不顺畅、运作不合理等因素造成的消费者支付大于企业收入，所带来的总价值的浪费，是感知利失；成本因素也可称为耗散价值。耗散价值的存在，反映的是企业为消费者所提供的产品或服务的总价值的损失，这实际上也是一种社会交

① 郑慧敏：《创意产业价值链管理研究》，厦门大学2009年。

换效率的净损失，企业可以通过改善管理减少这种损失。①

观念价值源自于消费者个体或社会群体对产品所表达某种观念的认同，是一种延伸价值。观念价值根据认同源的不同可以细分为两个部分：情感价值和社会价值。情感价值是与个人相关的，表现为消费者对产品的个人情感上的认同，受个体价值观的影响；社会价值是与群体相关的，表现为产品获得社会认同而给消费者带来的效用，它受社会价值观的影响，比情感价值更为复杂。

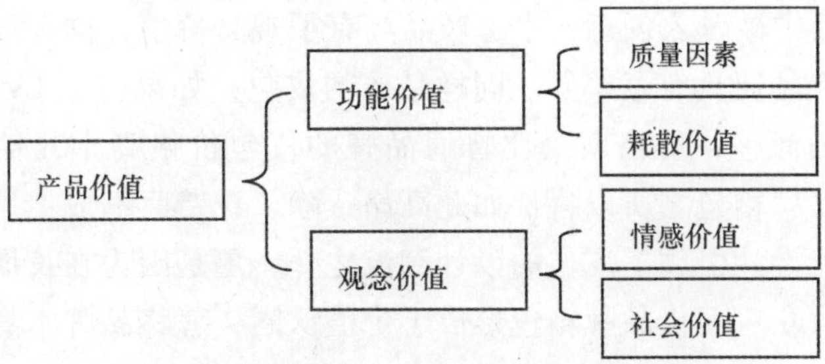

图4-6 产品价值构成

人类生产的初衷是满足自身对产品功能或者有用性方面的需求。单就产品功能价值中的质量因素来看，来自不同厂家的同等级同类产品没有明显差异。如果具有相同的功能和性能，产自三星的手机和产自苹果的手机功能价值也是相同的。功能价值中的质量因素是能够可靠地衡量的，其生产过程及成本也能够可靠地考察，因此功能价值中的质量因素较易衡量，可以制定一定的量化标准或者检验指标来确定产品功能价值的高低。如山寨手机和品牌手机价格上的差别是因为功能价值的质量因素不同而造成的。耗散价值是产品交易、消费过程中形成的效率损失，这部分价值既没有被消费者所获得也没有被企业所获得，而是白白地浪费掉了。对单个企业来说，这种损失削弱了企业竞争力，对整个产业而言，这种损失不利于产业的健康发展。这种损失可以通过改善管理得以避免。

① 骆涛涛等：《基于顾客价值创新的客户联盟优势研究》，《科技信息（科学·教研）》，2008年。

无论是质量因素还是耗散价值，由于产品的功能价值中没有掺入创意元素，所以功能价值比较容易考察和衡量。当产品中掺入创意元素之后，产品的价值变得复杂不再容易考量。由于创意产品的先期研究和开发成本非常高，而后期的生产制造成本相对较低，创意的复制成本几乎为零，而且创意产品在未被生产出来之前，市场需求难以确定，因此面临着比普通商品更高的风险和不确定性，这些都决定了创意产品价值的不稳定性和难以确定性，难以用一个固定的标准来对创意产品的价值进行衡量。

当产品中被融入创意元素，产品具有了观念价值，同等级但不同品牌的同类产品便具有了差异。同样品质的皮包，如果打上 LV、Prada 等知名品牌的标签，价格就会比普通品牌的皮包价格高十几倍甚至几十倍。奢侈品牌箱包之所以售价如此高昂，除了花费巨额成本用于皮包的外形和功能设计引领了皮包的设计潮流之外，更是因为在长期的生产和消费中，大众对奢侈品牌箱包形成了价值认同，奢侈品牌本身象征了高贵、富有，拥有这个品牌的产品无形中就标榜了消费者的身份和地位。苹果品牌在中国成功的饥渴营销是观念价值的典型案例。目前微软的 Windows 系统几乎垄断了全球的操作系统市场，几乎所有软件都是基于 Windows 系统开发的，大部分的计算机制造商也在机器出厂时安装了 Windows 系统，但是苹果电脑坚持开发自己的系统，苹果的电脑只能安装苹果自己开发的系统，使得苹果系统在微软视窗统领的计算机世界里兼容性极差，大多数基于 Windows 系统开发的软件在苹果机上无法运行。按照常规的逻辑，计算机世界里兼容性差的产品必然被淘汰。但是苹果系列电子产品却因为极其人性化的设计、高端的定位在残酷的竞争中脱颖而出，缔造了无数个商业传奇，公司 CEO 乔布斯一度成为热点人物。在中国，苹果每一款产品的发售都能成为媒体乐于追踪的事件，苹果新产品 iPhone 4S 在中国上市恰逢 2012 年春运，春运火车票被认为是中国需求缺口最大的商品，在市场经济发达的今天也只有春运火车票能让人们彻夜排队购买，而 iPhone 4S 的上市一度抢了 2012 年春运火车票的发售风头，在北京、上海等地众多消费者彻夜排队只为能够买到一款苹果最新上市的手机，甚至个别专卖店因为产品供不应求引发秩序混乱而停止发售。曾有报道说中学生为了买苹果的产品而卖肾，虽然这些行为不是值得提倡的消费观念，但这些事件从另一个方面说明苹果产品的成功。苹果产品自始至终强调极致的人性化设计、追求完美的产品理念，除了基本功能，更突出用户体验，长期以来塑造了一个电子产品中的高端产品的形象，不仅满足了消费者个性化的情感需求，也获得了广泛的社会认同，很多年轻人将苹果手机的使用当作炫耀的事情，足以证明苹果手机在产品创意当中所获得的成功，目前中国“果粉”的数量非常庞大，对苹果公司新产品的市场推广奠定了良好的基础。通过这些产品对于创意因素而获得成功的案例我们可以看出，创意产品必须满足消费者的需求，其价值衡量必须以消费者为导向、以价值为基础。

观念价值是主观的，因创意而生，是创意的产物，它能满足消费者的个性化需求。由于个体消费者在心理诉求上的千差万别，观念价值作为一种心理诉求，由此引发的消费行为很难用某种基于理性假设的模型或标准来描述，然而实践中情感的作用是实实在在的，生产厂家目前在产品生产方面的竞争主要是进行观念价值方面的争夺，而在功能价值方面则是大同小异。

二　产品价值构成的演变

产品价值构成的演变，既是生产者追逐利润的动机使然，也是消费者需求结构变化的一种推动。

（一）从生产者角度看

功能价值是产品价值的基本组成部分，是人类生产产品的初衷。在落后的经济发展阶段，人类基本的衣、食、住、行问题尚未得到保障，经济社会的发展水平不允许人们进行高层次、高水平的消费，人们关注的仅仅是产品的功能价值，无暇顾及观念价值。在这样的经济时代生产者生产商品更多以满足消费者对产品物理性功能的要求为主，不关注消费者更深层次的精神需求及心理需求，秉着“酒香不怕巷子深”的生产理念，只要生产出合乎功用的产品都能卖出去。且当时消费者收入水平偏低，对产品价格的追求成为购买选择的主要因素，物美价廉是消费者对于产品是否完美的评价标准。经济社会对产品的观念价值没有形成消费能力，也难以刺激创意产品的生产。受需求因素的影响，厂商所追求的是产品的功能、质量、耐用性和低成本，厂商支付一定的成本从事技术研发、引进技术的目的是为了提高产品质量，降低成本，同时改善营销管理，减少耗散价值，从而提高产品的功能价值。在工业经济时代，厂商执行“以产定销”的理念，根本不去理会消费者需求情况，只是将注意力放在自己的产品身上。福特汽车公司的创始人老福特所发明的“流水线作业”就是为了响应这样的需求，力求以最快的速度来生产更多的产品，降低产品的价格，让汽车成为人人都能购买得起的产品。中国在20世纪80年代以前，消费者的收入和需求水平都很低，对产品的附加价值的需求几乎为零，所以当时厂商所生产的产品根本不需要讲究品牌、商标、创意，只要生产出来，且能够保证消费者购买得起就万事大吉了。所以当时中国的产品基本上没有品牌、包装等创意性因素，市场上根本没有创意的概念，创意产业严重缺乏市场基础。

进入知识经济时代，居民的收入水平提高了，消费者的消费观念也发生了改变，质量好、价格低廉的需求已经不再成为购买的首要因素。消费者购买更多追求的是新颖、奇特、与众不同。尤其是对于年轻的消费群体，他们在消费需求方面往往特立独行，怕和别人“撞衫”，所以即便很小的一个物品，都追求创意性因素，追求特殊性，且愿意为这种特殊性的需求付出额外的费用。与之相适应，厂商的理念也要发生相应的改变，必须“以销定产”，根据消费者需求的变换来调整自己的产品生产，也就是不仅要继续进行产品的质量改进，而且要不断进行创意改进。所谓创意改进，就是将产品的功能、外观、包装、营销重新进行组合，赋予产品特定的文化含义，使之与同类产品区别开来，以获得特定消费者的认可。经过创意改进的产品，被赋予较高的观念价值，其产品总价值得到大幅度提升。观念、情趣、品位等文化创意元素加入到商品和服务中，让消费者感受到了前所未有的消费体验，从而提高了产品的观念价值。也正是因为创意因素的加入，使得同类产品具有了不同的内在含义，在消费者心目中形成了独特的形象，如汽车业中，奔驰首先让人想到其安全可靠，其次让人联想到其大气和非凡的气度，进一步的想到其驾驶者的身份和地位；而奇瑞QQ则让人将其与经济适用、实惠等词联系到一起。文化创意通过观念、情感和品位的传达，赋予旧产品全新的象征意义，从而使一些夕阳产业焕发青春。随着信息革命的深入，电子产品如雨后春笋，电子阅读器层出不穷，这些产品功能强大，使用方便，传统书报业遭受到猛烈的冲击。由于中国的版权保护法律不够完善，消费者版权意识较差，书店业受电子阅读器冲击尤为严重，传统书店经营举步维艰纷纷倒闭。一批像“光合作用”这样的书店在传统书店业的哀鸿遍野中异军突起，成为夕阳中的一缕朝阳。“光合作用”把书店当作一种产品，书只是其中一种元素，书、咖啡馆、音像店这些元素组合在一起，营造出适合特定人群的阅读氛围，构成一种独特的生活方式，从而提升了书店的整体价值。另一个例子是星巴克，它把一种古老的商品——咖啡发展成为与众不同、具有高附加值的品牌。星巴克主营咖啡饮品，但咖啡只是星巴克产品的一部分。星巴克将自己打造成一个服务品牌。客人到星巴克除了能品味咖啡的醇香，还能享受到卓越的服务，感受店内浪漫的氛围。星巴克的每一家连锁店都经过精心设计，视觉上随季节变化设计合时宜的海报、旗杆、图案和手绘咖啡杯，听觉上悠扬的音乐声、浓缩咖啡机打奶泡的“滋滋”声和吧台服务生敲下咖啡渣的“咚咚”声，星巴克给消费者创造了一种咖啡环境和文化，营造了浪漫的“第三空间”，使得星巴克在咖啡店林立的时代仍然保持了强大的竞争力。此外，星巴克还可以免费提供“Wi－Fi”，让很多消费者在优雅的环境完成工作，因此在中国又被很多白领称为“小资天堂”。正是这些独特的创意因素的加入，使得星巴克虽比一般咖啡店定价高，但大众愿意为其中的差价买单，可见，创意因素能够使得产品与众不同，并使得产品附加价值提升，企业利润提高。

（二）从消费者角度看

随着第三次科技革命的深入，在科技的持续进步下，人类社会的生产力迅速提高，人们的物质生活得到了保障，传统的生理需求得到满足，人类进入知识经济社会，知识资本成为决定价值增长的核心因素。与此同时，技术大大提升了传统产业的生产效率，社会产品供应日益增多，企业间竞争出现白热化状态。而企业所生产的差异性小的产品已经无法满足消费者日益增长的多样及个性化的需求了，消费者的消费需求不再限定在物质需求范围内，精神需求逐步显现，这种需求变迁的结果是，生产者为了打开产品的销路，必须研发出越来越个性化和多元化的产品，在产品中融入创意元素，将产品的价值逐渐从功能价值向观念价值延伸。创意产业正是观念价值需求发展的结果：传统产业的生产过程是一个从物质到物质的价值转换过程，创意产业的生产过程则是将更多的智力资源和创造性的想法，通过一定的技术手段加入产品当中，同时赋予产品更多额外的文化内涵，从而提升产品的附加值。创意产业的发展是以满足消费者个性化、多样化的需求为出发点，通过提升产品的观念价值来满足消费者的精神需求和心理需求。

随着消费者经济发展和收入水平的不断提高，观念价值得到越来越多的认可。观念价值可以细分为情感价值和社会价值。情感价值是在同样物理属性的前提下，人们因产品外观形象、能够传递个人情感信息等功能而愿意多支付的价值，它能给个体消费者带来情感归属，这种情感归属主要取决于个人偏好，是个体文化在消费活动中的体现；社会价值是创意产品中所蕴含的某种能引起社会层面认同感的文化元素，它将整个社会作为考察对象，衡量创意产品对这一对象的影响程度。对于创意产品来说，消费者互动参与程度更高，而且创意产品满足消费者需求的程度取决于消费者的主观感受，这些都使得创意产品价值衡量带有一定的主观性，无法一刀切地来进行判断，这也是品牌性奢侈品价位高昂的主要原因。

创意为传统产品注入某种文化内涵，赋予传统产品某种象征意义，从而创造了产品的观念价值，并且这部分价值在产品构成中的比例不断提升。随着市场经济的发展，消费者需求结构的改变，产品价值构成也相应发生了变化，观念价值正在成为构成产品价值的主导因素，起着决定性作用。创意产业的发展与人们的消费结构相辅相成，创意产业的发展满足了人们的多层次的精神文化需求，适应经济发展给消费者需求所带来的变化；而人们对产品精神文化层面的需求也为创意产业提供了广阔的市场空间和深厚的社会基础。

三　创意产业的价值创造机制

创意产业对于价值的创造，主要体现在其对产品观念价值的改变方面，创意产业利用创意因素改变产品价值构成，从而提升产品整体价值。传统产业创造价值的机制是产品导向，而创意产业则是需求导向的。亦即是说，创意产业价值创造的出发点及归属是消费者，通过满足消费者的观念、情感及文化需求，企业借以实现其价值创造。在温饱问题基本解决的知识经济时代，精神和文化需求是消费者更倾向的方面。创意产业企业在其产品的生产与消费过程中，大量运用了诸如“故事内容、象征元素、符号”等创意内容，让创意产品承载了文化的内涵和延展，这种情况下，创意产品的观念价值得到了显著提升。

创意产业创造观念价值，契合了消费需求结构的升级。如前文所述，经济发展史上各国消费结构都呈现出相同的趋势：食品、服装、家庭设备等传统产品消费比例逐渐降低，教育、娱乐、医疗等消费比例逐渐升高。具体到产业内部，同质化的产品需求逐渐降低，个性化、多元化的产品受到消费者青睐。消费者不仅追求商品的实用性，而且更加关注精神层面上的需求。当产品的功能设计逐渐得到满足后，消费者开始关注产品的外观设计、包装设计和品牌差异等因素。传统产业的价值创造机制是以产品为导向，忽略了产品的观念价值，这种导向不利于消费结构高级化。创意产业响应消费者需求结构的变化，将消费者需求作为价值创造的出发点，通过提供创意性因素来满足消费者精神层面的需求，实现价值创造。在需求为导向的价值创造中，消费者不再是被动的接受者，消费者对产品的评价信息构成企业生产的信息资源，企业必须支付一定的成本去获取、分析消费者的反馈信息。

信息的收集、加工与处理在创意产业的价值创造中至关重要。知识经济时代，文化成为一种消费品，人们的品位越来越复杂多变，这就要求蕴涵在商品中的文化也随之改变，创意在这里凸显了它的用武之地。但是人们品位变化的复杂性也给创意生产者带来一定的困难。传统经济学假定消费者偏好是稳定的，可以通过观察消费者的购买行为得到消费者的显示偏好，这符合工业经济时代的现实。但是知识经济时代人们的偏好千变万化，而且创意产品的生产、消费方式与传统产品有很大差别，创意产品具有高固定投入、低边际成本、一次性消费等特点，这就决定了创意产品难以像传统商品那样，仅仅凭借历史购买数据预测未来的消费需求，进而做出生产决策。消费者对创意产品的偏好有高度的不确定性，这种不确定性来自于消费者心理品位的变化，很难将传统产品的决策经验应用于创意产品的生产决策。但这并不意味着生产者在消费者偏好的变化面前无能为力。消费者心理偏好的变化受到文化背景、教育程度等因素的影响，也会呈现出一定的规律性。创意产品的生产者必须了解消费者对现有类似产品的需求状况，收集消费者的反馈信息，以便于对消费者偏好的变化方向做出判断。

创意产业与传统产业一个重要的差异是，文化资源成为创意产品的重要生产要素。文化资源是人类在社会经济活动中交互作用、长期积累而形成的共同要素，这些要素可通过产业开发形成某种产品或服务并进入市场从而产生实际的经济效益，且文化要素进入到产品的生产中后，能够形成无法逾越的且较持久的竞争力。文化资源的存在形式是多样的，可能以生活习惯、活动模式等方式零散地存在于人们的消费行为中，也可能以版权、著作权等权利形式存在，创意产业就是要通过收集、整理或购买版权等具体的手段获得这些文化资源，并将其加工成为创意产品。在知识经济时代，文化这种无形资源已经成为提升生产效率重要的生产要素，创意一方面能够将各种有形和无形资源转化为经营资本创造经济收益；另一方面文化能够通过提供各种文化创意产品来吸引消费者，扩展市场领域，打造新的市场空间，为经济发展提供一个新的发展途径。①

创意产业注重个人创造力的发挥。个人创造力以文化资源作为禀赋条件，它的发挥不仅能冲破传统资源的硬约束，催生出新的产品和市场，而且能够提高知识的流动性和分工的效率，缩短产品创新周期。创意产业作为一个全新的产业部门，它将传统产业中创意最集中的部分独立出来，可以共享文化资源，获得规模经济效益。以广告设计为例，如果每个企业设立自己的广告部门并设计自己的广告，则是人力资源的浪费，而且内部设计人员在设计经验上的欠缺也不利于广告作品的创意。但如果广告设计业务功能从企业中剥离出来，变为第三方服务公司，就能够帮助原有企业节省大量的人力成本，同时专业化使设计人员经验更丰富，有利于文化资源的累积和创意的发挥。创意由企业内部的一个增值环节外化为一个产业，具有强大的生命力，创意产业可以在不破坏旧有产业的情况下与其相结合，并能在很大程度上促进这些产业的发展，给现有产品带来附加值。

创意产业创造观念价值，但观念价值通常是附加于功能价值而存在，且具有较强的主观性，不同的受众对相同产品的价值判断存在较大差距，而且随着时间的变化以及受众文化积累的变化，同一消费者也会对产品的观念价值做出不同的判断。为了创意的观念价值得到更多的认同，创意产品需要经过反复的展示、推介和宣传，这就需要一些人（例如策划人、中介机构、经纪人等）专业从事创意营销。信息技术的发展为创意产业的发展提供了便利的条件，加快了消费者对创意产品的接受

---

① 厉无畏、顾丽英：《创意产业价值创造机制与产业组织模式》，《学术月刊》2007 年第 8 期。

速度。而互联网的发展使消费者进一步参与到文化的创造和传播中，丰富了社会中的文化资源，为创意产业的进一步发展提供了条件。所以说，创意产业的价值创造一方面体现在其由始至终地加入到信息产业中去，另一方面也体现在其自身随着规模性的增强而独立出来提高经济效益，创造经济价值。

第三节　产业价值链增值环节的转移

一　产业价值链理论

随着经济的发展和技术的进步，产品的复杂程度逐渐增加，单独依靠一个经济单位已经无法完成一个功能结构复杂的产品生产，必须要不同的经济单位进行协同配合才能完成生产任务，从而满足消费者的需求并实现价值的创造。互相配合的企业之所以能够通过分工进行合作是为了通过满足消费者的效用来实现自身价值，这样就形成了前后相关、横向延伸、纵向有序的经济活动的集合。随着人们对生产活动的深入分析，产业价值链的概念应运而生，产业价值链的研究是和价值链、产业链密不可分的。

（一）价值链

价值链的概念最早是由哈佛大学商学院教授迈克尔·波特在1985年提出的。波特教授认为："每一个企业都是在设计、生产、销售、发送和辅助其产品的过程中进行种种活动的集合体。所有这些活动可以用一个价值链来表明。"价值链理论认为，价值链分析并不是以成本作为分析基础的，其真正分析的是价值。价值链中的价值活动分两类，即基本增值活动和辅助性增值活动。波特的价值链分析区分了五种基本增值活动：（1）内部后勤（Inbound Logistics）；（2）生产经营（Operations）；（3）外部后勤（Outbound Logistics）；（4）市场营销（Marketing）；（5）服务（Service）。四种辅助性活动则是：（1）企业的基础设施建设（Firm Infrastructure）；（2）采购（Procurement）；（3）人力资源管理（Human resources management）；（4）技术开发（Technology Development）等，波特认为这些活动有序连接，构成了链条，就是价值链。企业通过价值链的不同活动就是为了价值的创造，通过对价值链上不同环节进行细化研究，具体分析可供企业打造竞争优势的方法，从而实现企业更大的价值的获取，价值获取是企业各类活动的基础。

（二）产业链

朱凤涛、李仕明、杜义飞（2008）将产业链定义为具有内在技术经济关联的企业之间为了提供某类商品而结成的网链式联盟结构。并认为，相关企业运用这种结构实现产品从原材料到最终消费者的价值增值过程。杜义飞（2005）在其博士论文“基于价值创造与分配的产业价值链研究”中认为，产业链是产品或服务，从原材料的采购到市场的销售过程中一系列活动的有机集合。这些活动前后顺序相关、横向延伸、运作有序。任红波（2005）在其博士论文中将产业链表述成是厂商内部或厂商之间为生产最终交易的产品或服务所经历的增加值价值的活动过程，在这一过程从原材料开始到最终消费者为止。不管是哪种定义，我们能够看到，产业链认为企业获得价值不一定把所有的活动都放到企业内部来进行，而是为了节省交易成本或是为了提升生产效率，需要进行企业之间的合作，从一个产业的整体来研究产业上下游之间的产能协调和互相的合作关系。

（三）产业价值链

1. 产业价值链的内涵

根据波特的价值链理论，价值链不仅存在于企业内部各业务单元之间，而且应该涵盖在更大的“价值系统”（Value System）当中。也就意味着价值链也存在属于上下游关联关系的不同企业之间。中国学者潘承云（2001）认为，产业价值链是指以某一项核心技术或工艺为基础，提供能满足消费者某种需要的效用系统为目标的、具有相互衔接关系企业的集合。杜义飞等（2004）提出，产业价值链是产业链背后所蕴藏的价值组织及创造的结构形式。李平、狄辉（2006）定义产业价值链是价值链在产业层面上的延伸，是多个企业价值链的整合，是产业中一个不断转移、创造价值的通道。陈柳钦（2007）认为，产业价值链是在产业链的结构下遵循价值的发现和再创造过程，继而充分整合产业链中各企业的价值链，持续地对产业链的价值系统进行设计和再设计的过程。

2. 产业价值链的特征

（1）产业价值链的核心是价值创造

产业价值链是从更宏观的角度将企业价值链和产业链进行了有机结

合，将价值链的内涵提升到产业层次，其内容无外乎两个方面，[①] 一个方面是产业链的价值属性，也就是产业链的价值创造机制和价值组织的结构形式；另一个方面是价值链的产业属性，强调价值链延伸到产业层面后的组织形式。不管是侧重哪个方面，产业价值链的核心都是研究价值创造，为了实现价值，产业价值链必须要满足消费者需求，离开这点，产业价值链也就失去了市场基础。在产业价值链的不同环节上，价值的分布是不均衡的，[②] 这点早在20世纪90年代初台湾宏碁公司总裁施正荣先生就通过微笑曲线进行了概括总结。

（2）价值在产业价值链的不同环节分布不同

随着产业内部分工的纵向发展，产业价值链越来越长，链条上的企业越来越多，价值增值活动中的分工越来越细，同一链条不同环节的企业创造价值的能力呈现出越来越明显的差别。对于这一点，台湾宏碁集团的老总施正荣先生利用微笑曲线形象地说明了产业价值链价值分布情况，即在价值链的研发创造及营销这两个环节，产品价值创造能力最强，中间的生产制造环节价值创造能力最弱。

产品或者服务的价值由产业价值链各个环节所创造价值的总和构成，所以企业一方面努力进行成本的节约，尽可能地找到更加便宜的替代原料进行生产和加工，努力提高自己在产业价值链中的价值；另一方面也在尽可能地找到在既定成本的基础上如何来实现价值的创造和增加。

随着产业内部分工的纵向发展，产业价值链越来越长，链条上的企业越来越多，价值增值活动中的分工越来越细，同一链条不同环节的企业创造价值的能力呈现出越来越明显的差别。产品或者服务的价值由产业价值链各个环节所创造价值的总和构成，所以，企业也努力地进行成本的节约，尽可能地找到更加便宜的替代原料进行生产和加工，努力提高自己在产业价值链中的价值。

---

① 韩红丽、刘晓君、李玲燕：《基于产业价值链的产业升级机制解剖》，《技术经济与管理研究》2012年第2期。

② 李平、狄辉：《产业价值链模块化重构的价值决定研究》，《中国工业经济》2006年9月第9期。

二 创意因素加入产业价值链

根据产品实体在价值链各环节的流转程序，可以将企业的价值活动分为“上游环节”（新产品的研发)、“中游环节”（材料采购与产品制造）和“下游环节”（市场营销及售后服务）三个部分。价值链是一个首尾相连而不是一个单向的链条，以上三个环节并不是完全独立存在的，在产品更新换代极为迅速的今天，产品的营销及售后服务既是既有产品链条的结束，也是新产品链条的开端。企业在营销及售后服务的过程中收集消费者的需求信息，及时掌握消费者偏好的变动方向，为企业研发新产品提供了有价值的信息。但是这三个环节又各有侧重，中游环节是围绕产品而进行的，与产品的技术特性紧密相关；下游环节的活动围绕顾客而进行，掌握顾客特性至关重要；上游环节综合了另外两个环节的特点，既要满足顾客的需求变化，也需考虑产品技术上的可行性。传统工业经济时代人们的物质需求未得到满足，中游制造环节是价值创造的主要环节，企业只要掌握了产品的生产技术并且能从采购管理中节约成本，就能够在价值链中占据有利地位。市场经济的到来使得原有的以产品为核心的价值链格局被打破，取而代之的是以顾客为核心的价值链格局，顾客需求在价值链中占据了重要位置。产品愈加复杂，价值链愈加延长，技术也开始分化，大多中游环节的生产者只掌握了边缘生产技术，而边缘生产技术不具有稀缺性，企业要占据长期优势，就必须参与到新产品的研发中，掌握核心技术。因此，中游环节创造价值的能力逐渐降低，上游环节和下游环节创造价值的能力开始显现。

如图 4－7，这是正常情况下的微笑曲线，该曲线形象地反映了在产业价值链中不同环节对于价值分配的差异。

创意产业的诞生和逐渐的独立，是对传统产业价值链的重构，它改变了旧有产业价值链增值环节的获利比例，并以各种方式融入各个产业领域中，目前我们能够看到很多融入了创意的行业和领域，如意大利的箱包、日本的汽车、法国的香水行业和葡萄酒业等，此外，在广告传媒、影视制作、建筑设计等领域创意已经形成一种产业化的模式。随着人们对创意产业产值增加效应的日益了解，创意产业已经从过去传统产业附属的环节性因素独立出来，成为一个独立的产业。它将和其他传统产业一样成为产业链中的独立环节，有着自己的价值链及在产业价值链中与其他产业保持着紧密的联系。虽说创意产业规模日渐强大并有了独立运作的空间，但是离开了传统产业，创意产业是无法发挥其生命力的。

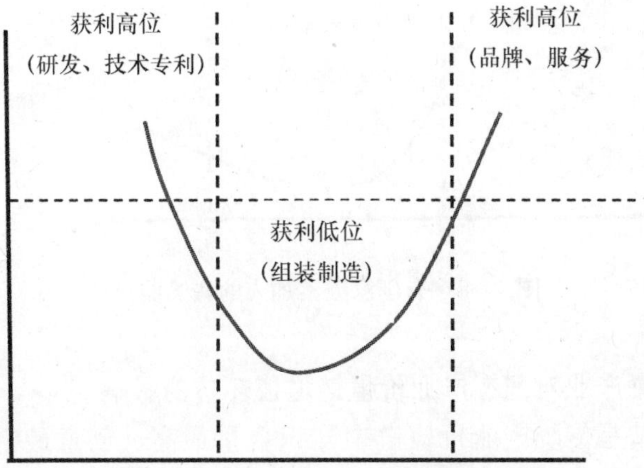

图4－7 无创意因素加入的微笑曲线

如图4－8，创意产业的创意元素更多的是加入产品的研发和产品的品牌设计及推广阶段，而制造阶段与创意产业联系松散。因为有了创意的加入，使得原本就居于微笑曲线两端，获取高额利润的研发和品牌设计推广环节的增值比例在整个产品的生产过程中大幅度提高，也就是微笑曲线两端越发陡峭，此外，创意对于研发和品牌推广的影响不同，也使得微笑曲线呈现不对称的形状，首先，研发所需要的创意基础更多的是来自于科技领域，且研究者尽可能通过产权等手段来防止模仿的发生，科技创新为企业创造了更多的附加价值。而在产品生产后的市场活动中，除了既有品牌经过日积月累所形成的无形资本外，市场活动极易被竞争对手模仿，结果由于竞争的加剧导致企业附加价值的下降。这种变化表现在微笑曲线上也就是微笑曲线的上游逐渐抬高而下游趋于平缓。

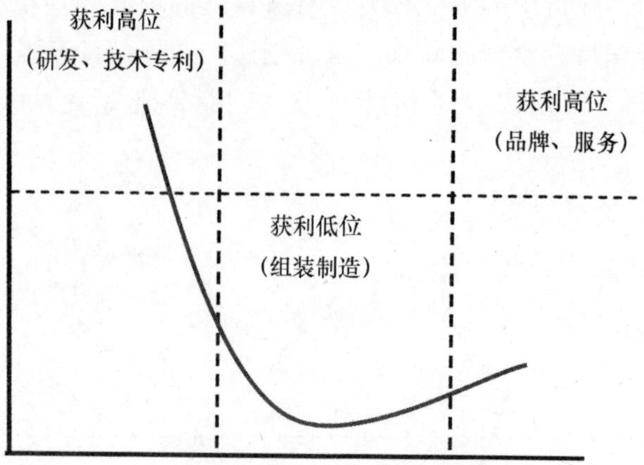

图4－8　有创意因素加入的微笑曲线

三　创意产业对现有产业价值链增值环节的影响

创意环节是传统产业价值链中知识含量最高、创意最密集的部分。人们由工业经济时代进入知识经济时代，消费能力大大增强，传统产品以创造功能价值为主，文化含量极低，不能满足人们日益增长的对观念价值的需求。传统产品的生产者遇到销售瓶颈，福特汽车在20世纪20年代的案例最能说明传统产业这种瓶颈。20世纪20年代之前，福特汽车因为能够生产出简单、耐用、低价的T型车，而拥有68%的汽车市场。在传统产业以创造功能价值为目标的观念指导下，福特汽车在工厂组织、生产管理、生产线流程方面不断创新以节省成本提高效率，但是丝毫不注重车型的设计。20世纪20年代，美国进入了大众化富裕时代，消费者对汽车的速度、造型、环保以及个性化等需求逐渐凸显，福特却坚持制造颜色单调的T型车，拒绝新车型。而通用等其他几家汽车公司捕捉到消费者偏好的变化，生产出更贴近市场需求的个性化汽车，迅速占领了市场，而福特汽车却濒临破产。在消费者消费能力增强和消费偏好变化的背景下，传统厂商为了生存不得不做出战略调整，由以产品为中心的战略转向为以消费者为中心的战略。

消费能力的提升和消费偏好的改变催生了创意产业。创意产业的核心是创意，创意贯穿于产品的研发、设计、销售、消费等环节。创意赋予产品更高的时效性，使产品不容易被仿效和复制。从产业的生产要素结构角度而言，创意不同于传统的创新，后者容易受到技术水平和资金等因素影响，而创意产业投入更多的是文化资本和智力资本。从价值实现的角度看，创意是一种虚拟形态，不存在切实的实物形态，它需要以其他实物形态产品为载体，创意元素参与到传统实物产品的各个价值链环节中，从生产到营销及售后，每一个环节都融入了创意元素，也正是因为有了创意的加入，传统产品的附加价值得到了极大提升。从产业价值链角度来看，创意元素对于产品价值环节的参与使得创意产业位于价值链的高端，通过将文化创意元素渗透到产品的生产与消费中，达到创造观念价值的目的。

创意产业可以渗透到许多产业部门，由于创意不能独立于实物产品而存在的特性，创意产业也很难与传统产业相分离。创意产业与传统产业相互关联，这种关联以纵向关联为主。纵向关联效应就是创意产业与传统产业互为上下游、互相促进、共同发展的关系。创意产业可以实现产业链上下游产业的增值，实现传统产业的升级。纵向关联效应又可进一步划分为前向关联效应和后向关联效应。创意产业是一个知识密集型的产业，丰厚的文化积累是创意的诱发因素，大量的创意人才是创意产业发展的必要投入，因此创意产业发展可以带动教育产业、文化产业的发展。创意需要以实物形态作为载体，完备的工业基础和发达的科技手段成为创意产业发展现实条件，目前的许多创意都是以电子产品为介质进行传播的，因此创意产业的发展也会带动 IT 产业的大力发展。创意产业对这些上游产业的带动效应就是前向关联效应。创意产业的发展还能为其他制造业、服务业等产业提供创意服务，从而使这些产业的产品获得价值增值，由此看来，创意产业对下游产业的后向关联效应也十分显著。

创意产业不是一个孤立的产业，它与其他产业有着千丝万缕的联系。创意产业的价值增值不仅在于自身的增值，更重要的是通过前向关联和后向关联，影响上下游产业的价值增值。首先，创意产业自身可以是一个完整的价值增值链条，称之为内涵增值过程；此外，创意产业形成的引致需求能带动上下游其他产业的价值增值，称之为引致增值。下图描绘了由创意产业而生的价值增值系统。

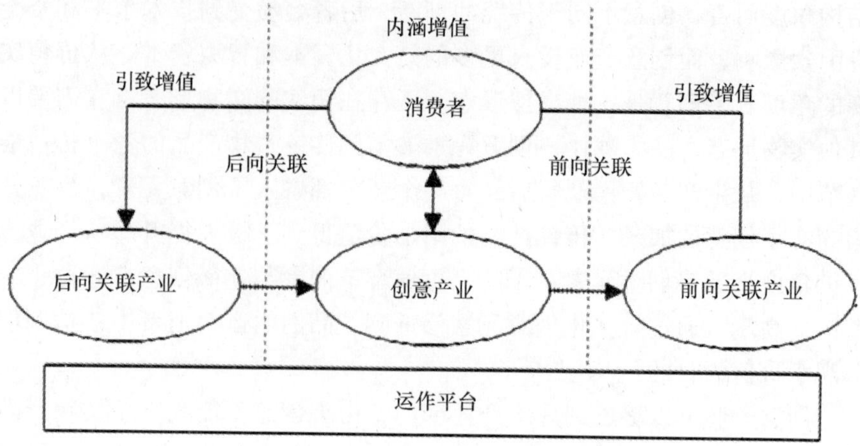

图4－9 创意的价值增值系统

创意产品的价值由功能价值和观念价值构成，其中观念价值是创意产品价值构成的主要部分。由于这个特点，创意产品的价值在传递过程中不断发生变化。从创意的产生和授权到产品的设计，再到产品的推广发行，创意产业价值链上的各个环节相互链接，围绕着创意的形成、保护、转化、传递，由创意产品所特有的知识产权的价值增值过程形成了创意产业的价值链。沿着创意产品的增值过程，可以将创意产品的价值增值分为四个途径：1. 创意的生产，这一环节的增值主要来源于作家、艺术家等创意人才的劳动和创意活动。创意可以通过多种途径产生价值，例如电影、文学作品、旅游产品可以直接给消费者带来感官上的享受，产生价值，而艺术设计可以为传统产品赋予文化含义，从而使其区别于其他同类产品；2. 创意授权的增值。创意产品价值主要由观念价值构成，它具有边际成本极低甚至为零的特点，这就决定了创意产品必须借助于法律保护才能实现其价值增值，法律授权便是当前对创意产品实施保护的主要方式。在这个环节，授权商、被授权商、代理商等通过法律手段共同参与授权经营，以协议、合同等方式保证创意授权在可控制的领域内流通，防止侵权行为对收益造成的冲击；3. 创意产品的制作。完成了前两步，创意产品仍是一种观念上的存在，要变成可传递到消费者手中的消费品，还需要经过制作商的参与。制作商运用现代技术来生产授权商品，严格按照协议控制产品的生产数量和质量，保证创意产品价值的实现和企业利润最大化；4. 市场推广。创意产品制作完成后，要借助媒体的宣传、展览推介会、电子商务平台、营销事件等相互配合，建立品牌形象，唤醒消费者认知，增加消费者对产品的认同感，提升创意产品的情感附加值，实现创意产品的增值。

创意产业的价值链除了以上四个环节的单向增值系统外，还存在一个内部循环的内涵增值系统。创意产业的核心是观念价值的生产，观念价值本身所具有的感染作用能启发公众对创意产品的需求，但是这种感染力必须通过媒体传播才能为广大的社会公众所接触。创意受众的扩散速度既与创意本身有关，也与媒体的曝光度有关，当受众突破某一数量后还会呈现加速扩散。影响创意传播的主要因素包括：

1. 文化启发与价值认同。创意产品所蕴含的观念价值所决定的文化需求启发程度越高，越能弥补潜在受众价值观上的缺陷，潜在受众越容易实现向实际受众的转化，导致创意受众扩散速度加快。

2. 媒体曝光率。媒体是连接产品和受众的最主要的途径，现代媒介技术对信息的传播效率远远超出传统传播方式下的想象，现代社会对媒体传播的依赖度也越来越高。创意产品的推广尤其依赖媒体的作用，其广告投入越多，媒体曝光率越高，受众扩散速度越快。应该充分利用现代传播技术，其中主要利用网络平台来提高创意传播的速度，扩大创意传播的范围。

3. 从众心理。当身边只有一个朋友在谈论某部电影的时候，你很难被劝说接受这部电影，但如果身边半数以上的朋友都在谈论某部电影的时候，你无须劝说就会自觉地接受这部电影，这就是从众心理的影响。创意产品的接受者越多，未接受者一旦接触到该创意产品后接受的概率也越大，在从众心理的影响下，当创意产品的受众突破某一限制，会呈现加速增长的势头。

4. 创意产品的生命周期。创意产品也存在生命周期，产品的生命周期使得创意产品受众数量具有了衰减的性质。如果创意产品在其生命周期内没有得到很好的宣传，没有与受众达成很好的互动，就很难再进入消费者视野。因此，创意产品生命周期的长度也会影响其传播力度。

创意产品被消费者接受以后，观念价值能够在消费者群体中形成一种正反馈，从而具有边际效益递增的特质，一旦某种观念价值获得消费者认同，就能再生或者衍生出许多相关产品。受众既是创意产品的消费者，也可能是创意的缔造者，推动了创意产品的再生产。

四　中国企业在全球产业价值链中的地位

由于后起工业国的历史背景以及市场经济不发达导致的企业机制不灵活等现实原因，中国企业管理水平低、经济效益差，企业的比较优势体现在廉价的劳动力上。而随着信息控制技术的发展和生产机械化程度越来越高，廉价劳动力产生的比较优势越来越弱，而且劳动力的供给弹性非常大，这使得中国的企业大多数处于价值链中的完全竞争环节，获得较少或极少的附加值报酬。改革开放以来，中国企业不断引进国外“先进技术”，但这些在我们看来先进的技术其实是在国外已经被边缘化的技术，根本不具有稀缺性。发达国家掌握核心技术的企业为了保持自身在产业链中的竞争优势，断然不肯将其核心技术出售，甚至有些西方国家如美国通过立法来限制某些高精尖技术的出口。要掌握真正的先进技术，中国企业必须走自主研发的道路。但是自主研发不仅成本高昂风险极大，而且需要发达的科学教育作支撑。在国内教育不发达、企业风险承受能力弱、资金不充裕的条件下，中国企业自主研发的道路异常艰难。

中国劳动力成本在国际上的竞争优势，使得中国在整个国际分工中一直充当着加工者的角色，也就是中国一直位于微笑曲线的中间位置，是在产业价值链条中分得价值比例最小的一个环节。中国虽然被称为“世界工厂”，但是由于在产业价值链中，中国一直以加工者的身份问世。发达国家以其技术与我国的劳动力产品进行交换，其贸易条件越来越有优势，而在中国，低廉的劳动力越来越难获得，所以在国际贸易中一直处于不利的位置。以计算机为例，计算机生产的 CPU 和操作系统全部都被外国所掌控，虽说中国的联想电脑已经成为全球销售的冠军，但是由于只能从事简单的电脑组装等工作，所以获利微薄，更多的利润都被上游主板制造商和 CPU 等高技术厂商赚取。即便是传统产业的生产，如服装领域，由于不懂营销理念及经营的短视化，缺少自有品牌，中国的服装加工业更多进行的是服装的缝制等简单的机械性加工工作，无法参与到创意设计及营销等高端领域。结果正如优衣库所看到的那样，在优衣库的店里销售的标价 1000 日元的毛衣，中国制造创造的附加值只有100日元左右。即便如此，随着劳动力成本的不断攀升以及新兴市场国家的发展，承担劳动密集型工序的国家不再限于中国，而是扩大到了东欧原来的社会主义各国、东盟各国和中南美等发展中国家，中间工序的附加价值日益降低。依靠低廉的劳动力来获得竞争优势是不可取的，是无法在国际分工中获得更多附加值的。中国要想摆脱现有的局面，就必须从微笑曲线的底部向两端延伸。

改革开放以来中国一直实施出口导向型战略，经过多年经济快速发展和资本积累，投资能力和消费能力都得到加强。中国成为许多消费品的重要市场，例如苹果公司在认识到中国消费者的巨大热情后开始建立自己的销售渠道。2008年7月，苹果在北京开出了第一家直营店。随后的三年中，又陆续开出了四家。他们获得了惊人的回报，北京西单大悦城店开业首日销售额竟然达到了惊人的3.8亿元。苹果发布的2011财年年报显示，中国已迅速增长为仅次于美洲的第二大市场。当年第四财季中国市场所产生的45亿美元收入已占全球总额的16%，而两年前这一比例才不过2%。[①] 2013年9月份，苹果公司的产品 iphone 5s 和 iphone 5c 全球首发，中国成为全球首发的九个国家之一，足以看出中国市场在苹果公司全球的战略地位。微笑曲线告诉我们，居于产品价值链两端的研发和营销是获得价值增值最大的环节，所以提升中国企业价值增值能力的途径除了进行技术研发，还包括产品设计和营销服务。根据上述分析，在目前的要素禀赋条件下，中国进行技术研发的优势较弱，进行技术进口也面临诸多障碍。但是中国具有丰富的文化资源，这为企业增强创意相关环节、获得更多价值增值报酬提供了条件。中国企业应该充分利用中国文化资源，将文化因素加入到产品的设计当中，利用中国的传统文化，加深产品的文化底蕴，从而增加产品的附加值。如在中国的牙膏市场上，以高露洁、佳洁士为首的外资品牌占有近七成的市场份额，在外资品牌这样强劲的冲击下，云南白药牙膏2005年异军突起，以中国特有的中药因素作为主打卖点，闯出了三个“第一”：第一支由医药企业打造的民族牙膏品牌；第一支突破牙膏低价迷局（成功卖出20多元高价的高端牙膏品牌）；第一支在一年里赢利的本土牙膏品牌。2007年，AC尼尔森的数

---

① 徐洁云：《苹果：关键市场与价值链高地》，载《第一财经日报》2012年2月10日。

据显示，云南白药牙膏在现代渠道的销售额已列民族品牌第一，成为功能性牙膏的第一品牌。云南白药牙膏的成功正是因为利用了中国传统中药因素在消费者心目中的至高无上的地位，成功地找到了市场切入点。并在产品的营销中注重结合中国传统文化，让产品打造出中国文化特色，从而才能后来居上，冲出重围，获得成功。

第四节　引致需求结构的变迁

在总需求的构成中，一部分是消费者对消费品的需求，称为直接需求；另一部分是生产者对生产要素的需求，由于这一部分需求归根到底是由于消费者对该生产要素所生产的产品的需求所引致的，因此这部分需求称为“引致需求”。厂商购买土地、机器和劳动力进行生产，最终是为了满足消费者的需求，居民的消费结构会直接影响消费品的生产结构，消费品的生产结构又制约着生产资料的生产结构，因此，经济理论认为消费者的直接需求决定了生产者的引致需求。

前面的分析我们已经得知，无论是美国还是中国都经历了一个消费需求结构变化的过程，食品、服装、家庭设备等消费在居民消费总额中的比例迅速下降，医疗保健、娱乐、教育等消费在居民消费总额中的比例稳步上升。消费结构的变迁必将导致引致需求结构的变迁。前文表格显示，美国居民各项消费支出占居民消费总支出的比重中食品消费由20世纪30年代中期的33.6%下降到2007年的14.65%，服装消费由30年代中期的10%下降到2007年的5.27%，而娱乐消费由30年代中期的3%上升到2007年的8.66%。消费结构变化反映在引致需求结构中，就是劳动力、土地资本等有形资源需求比例的下降和教育等创意资源需求比例的上升。中国是一个后起的发展中国家，工业化起步较晚，在很多地区工业化和信息化几乎是同步进行的，由于工业化基础较差，因此信息化的势头较弱。近些年食品消费、服装消费以及家用设备消费在居民消费总支出中的比例虽然也持续下降，娱乐、教育消费比例在持续上升，但是这种变化引发的引致需求结构变化并不明显。由于廉价劳动力的比较优势和受出口导向型经济战略的影响，政府鼓励企业进行工业、建筑业这些行业的投资，另一方面国内居民消费能力较低，消费结构层次低，文化教育消费需求不足，从而导致文化教育业的投资动力不足。因此，中国引致需求结构层次较低。

当前中国居民消费结构面临一次改善的机会。首先是受到全球金融危机的影响，世界各国消费不旺，中国产品出口受阻，必须挖掘国内需求；其次，经过30多年经济发展与资本积累，中国居民收入水平不断提高，消费能力得以增强，内需可供挖掘；最后，在基本物质生活得到满足后，居民消费水平显示出向精神消费转移的倾向。过去20年经济高速发展，锻造出一个世界第二的奢侈品消费国。国际奢侈品卖场出现了越来越多的中国人的身影，2009年步入后金融危机时代，西方发达国家的老牌奢侈品消费者一再萎缩，而来自中国的新主顾们甚至扮演了一次奢侈品牌救世者的角色，越来越多的奢侈品牌意识到中国市场的强劲，纷纷向中国开拓市场。和普通消费品相比，奢侈品的价值更多的不体现在其核心价值也就是其功能价值上，人们购买奢侈品实际上追求的是其非实用性的满足感，是消费者在满足基本物质需求之后，追求的更高层次精神需求的结果。但是中国人在奢侈品消费的态度上存在着盲目攀比、炫富的不健康的消费导向，甚至有人为了满足消费奢侈品的欲望而削减正常的物质需求方面的支出，产生这种消费观念的原因是文化教育的发展落后于物质经济的发展。这种消费观念不仅不利于消费者个人的正常发展，也不利于文化创意产业的发展，这种不实的需求可能给生产者传递不可靠的信息，不能在生产者和消费者之间建立良好的互动，从而不利于生产决策。这种不健康的消费观念需要借助于教育产业的发展来消除。

消费能力的增强，可以从两方面诱发引致需求结构的变化。一方面，创意产业对一些产业存在前向关联关系，消费者对创意产品的需求将引致生产者对文化、教育以及IT产品的需求，创意产业还对一些产业存在后向关联效应，这些产业中的产品被融入创意元素，能提高产品本身的价值，消费者对创意的需求增加将促使这些传统产业的生产者在产品中融入创意元素；另一方面，作为创意产品的消费者本身也需要一定的文化积累，这就促使消费者主动去接受文化教育，从而对教育产业构成引致需求。创意产品与传统产品不同，传统产品满足人们的物质需求，物质需求只是一种生理感受，每个人能够感受到的物质满足都是一样的。创意产品满足人们的精神需求，精神需求是一种心理感受，它与个人的文化积累有关，因此不同的人对同样的创意产品会有不同的体会。例如，没有对中国历史的了解就很难对故宫博物院里的文物价值作出判断，缺乏美学知识的人也难以对一幅油画作品产生兴趣。创意产品的这种特性使消费者必须具备一定的文化积累，从而对文化、教育产业形成引致需求。

现代产品复杂程度的增加和专业化分工的精细化使得产业价值链不断加长，每个企业只能完成产品价值链上的一个或者少数几个环节，每个生产环节都构成了对上游环节的引致需求，引致需求也被分割出许多环节，如消费者对汽车的需求引致了零售商对产品的需求，从而引致了生产商对汽车零部件的需求，进而引致了钢铁需求，最后促进了采矿业的发展。但是，无论生产链条有多少环节，引致需求的终端都会归结到对生产要素的需求上。如果把人类经济活动划分为农业经济、工业经济和知识经济三个阶段，这三个阶段对生产要素的需求各有侧重，我们也能够通过这三个经济阶段的变换看出引致需求结构的变迁。农业经济时代最主要的生产要素是劳动力和土地，工业经济时代最主要的生产要素是自然资源、劳动力和机械化工具，知识经济时代最主要的生产要素则是文化资源和人力资本。工业经济时代的生产具有高能耗、高污染的特点，事实上所有工业化国家都曾走过一段“先污染后治理”的道路，知识经济以知识、智力和文化为主要投入要素，既克服了工业经济造成环境破坏的弱点，又不对自然资源过度依赖，文化资源具有可积累的特点，创意产业的发展与文化资源的积累能够形成一种良性互动，使文化资源永不枯竭。消费能力的增强和消费结构的变化诱发引致需求结构的变化，促进了创意产业的发展。

第五章　产业内结构升级对创意产业发展的决定作用

创意产业的发展除了需要具备相应的要素和市场需求之外，现有产业结构的升级也为创意产业的发展提供了必要条件，产业结构升级推动了创意产业的发展，对创意产业的发展起到了决定性作用，而创意产业的规模壮大和发展同时也促进了产业结构的升级，二者是相伴相生的。

第一节　产业结构升级和创意产业的关系研究

关于创意产业和产业结构的关系研究文献比较少，且较多停留于定性研究，进行量化研究的非常少。厉无畏、王慧敏（2006）以产业融合为视角，分析了创意产业对经济增长方式和产业结构的优化的影响，认为那些从传统行业中分离出来以创意为主导投入要素的创意产业为传统产业提供智力支持，促进产业结构升级，从质和量上都带动经济的快速协调发展。厉无畏（2010）在文章《金融危机下创意产业的发展》中提出，创意产业可以通过文化创意和技术创新两大引擎推动传统产业创新；此外，创意产业可以通过技术融入传统产业，实现传统产业的结构升级；周宇（2012）通过对 1996—2009 年的数据进行搜集得出创意产业的发展对于产业结构优化具有积极的推动作用。尹宏（2007）基于科技创新的视角，对创意产业与产业结构的优化关系进行论述，并认为创意的核心是创新，创新通过供求两个方面来影响产业结构，二者之间是正向相关的关系。陈亚民（2011）对创意产业与区域产业结构之间的关系进行了分析，并得出了发展创意产业来加快区域产业结构升级的结论，因为创意产业的发展方向与区域产业结构高级化的方向是一致的。章超斌、高长春（2012）以英国创意产业为研究对象，搜集相应数据论证了创意产业更大的贡献体现在创意活动知识和技术溢出效应以及对产业结构和劳动力结构的优化作用上，并认为政府应将更多的关注力放在创意产业与传统产业的融合上。武刚尧等（2007）[①] 以山西作为研究对象，认为文化创意产业是文化资源要素与其他生产要素紧密结合来促进经济发展的模式，发展文化创意产业是山西实现产业结构调整与升级的重要途径。花建（2009）[②] 认为，文化创意产业既是现代服务业的重要组成部分，又能同其他产业协同发展并进一步带动产业结构调整和优化升级。

本书认为创意产业的产生是产业结构升级的内在要求决定的，而创意产业也可以从文化和科技两个方面来带动既有产业的优化升级。创意产业通过文化因素和技术因素融入传统产业中，一方面提升了原有产业的文化内涵，增强了原有产业的创意性因素；另一方面，通过技术因素提高了原有产业的生产效率和产品更新换代的频率，这些都带动了产业结构的优化升级。所以说，大力发展创意产业对于既有经济结构的调整和整体经济形势的改善有着不可估量的作用。

创意产业不是一个孤立的产业，它与其他产业有着千丝万缕的联系。创意产业的增值发展不仅在于其自身的增值，更重要的是通过前向关联与后向关联，影响上下游产业的价值增值，进而影响到产业结构的升级和整个经济结构的发展。产业结构的升级表现为既有产业的高度化。既有产业高度化的实现，是创新技术的出现，也是具有企业家眼光的人才的推动，更是文化内涵与已有产业合理结合等多因素综合作用的结果，这些为创意产业的发展提供了必要的供给条件；此外，产业结构内部的升级带动了产品需求结构的改变，人们对于产品构成中的创意性因素需求日益增强，这为创意产业的发展提供了必要的需求因素；所以，产业内部结构的升级满足了创意产业发展的供需条件，促进了创意产业的发展。

---

① 武刚尧、张华伟、闫志伟：《大力发展文化创意产业，打造山西经济增长新引擎》，《中共山西省委党校学报》2007 年第 5 期。

② 花建：《发展文化创意产业，促进现代服务经济》，《东岳论丛》2009 年第 10 期。

第二节　模型印证

因为创意产业并不仅仅是一个完全独立的产业，其既随着创意规模的扩大而独立为一个产业，同时其创意成分也分布在各个独立的传统产业范围之内，对经济产生着影响。所以本书对于创意产业的量化分析分成两步来进行：其一，宏观视角下创意产业与产业转型升级的研究，在这部分，文章主要剔除掉非创意因素对于经济的影响，从而分析创意性成分在经济中的作用；其二，微观经济视角下创意产业与产业转型升级的互动关系，在这部分，文章选取单独作为一个完整产业存在的文化创意产业进行分析，来看它在经济中的作用及与产业结构升级间的关系。

一　宏观视角下创意产业与产业结构转型升级间互动关系研究

（一）宏观视角下中国创意产业（TI）的产值提取

本书认为经济增长的来源可以从两个方面进行认识和评价：其一，源自劳动力和资本投入的要素投入；其二，源自创意产业的创意投入。为了便于采用经济计量学手段研究上述三者在经济增长中的贡献份额，本书将以柯布—道格拉斯生产函数为基准构建如下的多元回归模型：

$$1\mathrm{n}Y_T = \alpha + \beta 1\mathrm{n}K_T + \gamma 1\mathrm{n}L_t + \varepsilon_t \tag{5.1}$$

其中，Y、L、K 分别表示实际产出、劳动力投入数量、资本投入数量，ε 为随机项。

则创意产业的产值即可表示为：

$$1\mathrm{n}TI_t = 1\mathrm{n}Y_t - (\beta 1\mathrm{n}K_t + \gamma 1\mathrm{n}L_t)$$

（二）创意产业与产业转型升级的互动关系研究

产业内结构升级既是创意产业发展的主要动力，又是创意产业发展的结构性特征。创意产业发展的同时又会带动产业结构的进一步升级。为了详细刻画这一变化关系，本书通过构建向量自回归（VAR）模型来分析创意产业与产业转型升级之间的互动关系。

创意产业与产业转型升级直接的 VAR 模型：

$$1\mathrm{n}TI_t = c + \phi_1 TI_{t-1} + \cdots + \phi_p TI_{t-p} + \beta EI_t + \varepsilon_1 EI_t = c + \phi_1 EI_{t-1} + \cdots + \phi_p EI_{t-p} + \beta 1\mathrm{n}TI_t + \varepsilon_1 \tag{5.2}$$

其中 $1\mathrm{n}TI_t$ 是一个 m 维向量，c 表示一个 m 维的常数向量，ϕ_j 是一

个 $m \times m$ 阶的自回归系数矩阵，$j = 1, 2, \cdots, p$。m 维向量 ε_t 是一个白噪声，满足：

$$E(\varepsilon_t) = 0$$

$$E(\varepsilon_t \varepsilon_s) = \begin{cases} \Omega, & s \neq t \\ 0, & s = t \end{cases} \tag{5.3}$$

其中 Ω 是一个 $m \times m$ 阶的对称正定矩阵。

由于仅仅有内生变量的滞后值出现在等式的右边，所以不存在同期相关性问题，用普通最小二乘法（OLS）能得到 VAR 简化式模型的一致且有效的估计量。在知道了参数 $\tilde{\phi}_i$、残差 $\tilde{\varepsilon}_t$ 及其协方差矩阵的情况下，我们就可以计算出变量 $1nTI_t$ 对冲击 $\tilde{\varepsilon}_t$ 的动态响应。如果 $\tilde{\varepsilon}_t$ 确实是我们所关心的冲击，那么就可以利用上面的方法计算变量 $1nTI_t$ 对冲击 $\tilde{\varepsilon}_t$ 的动态响应。

脉冲响应函数描述的是扰动项上的一个冲击如何影响内生变量的当前值和未来值。在 VAR 模型中，对第 i 个变量施加的冲击通过模型的动态结构传递给所有的内生变量。

如果被估计的 VAR 模型的所有特征根模的倒数都小于 1，即在单位圆内，那么模型是稳定的。那么模型就能转化成等价的向量移动平均模型（VMA（∞））

$$1nTI_t = \Psi_0 \varepsilon_t + \Psi_1 \varepsilon_{t-1} + \Psi_2 \varepsilon_{t-2} + \cdots + \Psi_p \varepsilon_{t-p} + \cdots \sum_{j=0}^{\infty} \Psi_j \varepsilon_{t-j} \tag{5.4}$$

其中 Ψ_j 为系数矩阵。为了满足扰动项正交化的条件，本书将采用 Cholesky 分解来计算脉冲响应函数。

方差分解通过分析每个结构冲击对内生变量方差的贡献度来评价每个扰动因素影响的相对重要性。其基本思想为：根据（5.4）式得

$$1nTI_{it} = \sum_{j=1}^{k} (\Psi_{0,ij}\varepsilon_{jt} + \Psi_{1,ij}\varepsilon_{jt-1} + \Psi_{2,ij}\varepsilon_{jt-2} + \Psi_{3,ij}\varepsilon_{jt-3} + \cdots) = \sum_{j=1}^{k} \sum_{s=0}^{\infty} \Psi_{s,ij}\varepsilon_{jt-s} \tag{5.5}$$

假设 ε_j 无序列相关可得方差为

$$E[(\Psi_{0,ij}\varepsilon_{jt} + \Psi_{1,ij}\varepsilon_{jt-1} + \Psi_{2,ij}\varepsilon_{jt-2} + \cdots)^2] = \sum_{s=0}^{\infty} (\Psi_{s,ij})^2 \sigma_{jj} \tag{5.6}$$

再假设扰动项向量的协方差矩阵 Σ 是对角矩阵，那么 y_i 的方差是上述方差的 k 项简单和：

$$var(y_{it} = \sum_{j=1}^{k}) \{ \sum_{s=0}^{\infty} (\Psi_{s,jj})^2 \sigma_{jj} \} \tag{5.7}$$

定义相对方差贡献率

$$RVC_{j->i}(\infty) = \frac{\sum_{s=0}^{\infty} (\Psi_{s,jj})^2 \sigma_{jj}}{var(y_{it})} = \frac{\sum_{s=0}^{\infty} (\Psi_{s,jj})^2 \sigma_{jj}}{\sum_{j=1}^{k} \{ \sum_{s=0}^{\infty} (\Psi_{s,jj})^2 \sigma_{jj} \}} \tag{5.8}$$

来测量各个扰动项对 y_i 的方差有多大程度的贡献。但实际上，不可能用直到 $s=\infty$ 的 $\Psi_{s,jj}$ 项和来评价。如果模型满足平稳性条件，就用近似的相对方差贡献率（RVC）来度量

$$RVC_{j->i}(s) = \frac{\sum_{s=0}^{s-1} (\Psi_{s,jj})^2 \sigma_{jj}}{\sum_{j=1}^{k} \{ \sum_{s=0}^{s-1} (\Psi_{s,jj})^2 \sigma_{jj} \}} \tag{5.9}$$

当 $RVC_{j->i}$（s）大时，说明第 j 个变量对第 i 个变量的影响大，相反的，$RVC_{j->i}$（s）小时，可以认为第 j 个变量对第 i 个变量的影响小。

（三）数据来源

本书实证研究所涉及的变量包括：（1）实际产出（等于名义 GDP 与定基 GDP 平减指数之间的商；其中，名义 GDP 来源于“中经网统计数据库”，GDP 平减指数取自《新中国 60 年统计资料汇编》和国家统计局网站）；（2）劳动力人数（用年末三次产业从业人数代表，数据来源于“中经网统计数据库”）；（3）资本存量（本书借鉴单豪杰［2008］的方法，利用永续盘存法估算中国资本存量，并使用定基居民消费价格指数作为平减指数）。

表 5－1　　**变量的描述性统计表**

变量	含义	样本量	标准差	均值	最大值	最小值
lnY	实际产出自然对数	59	1.3514	8.6731	11.2099	6.6503
lnK	资本投入量自然对数	59	1.6764	9.0292	12.3526	5.8348
lnL	劳动投入量自然对数	59	0.4334	10.6976	11.2781	9.9393

（四）单位根检验

表5－2是各变量序列的单位根检验结果。从检验结果可以看出，本书所纳入考察的数据序列除了城市化率为二阶单整以外，其余变量序列均为一阶单整。

表5－2　　变量序列的单位根检验结果

变量	检验形式（C，T，K）	ADF 统计量	临界值（1%）	临界值（5%）	临界值（10%）	检验结论
lnY	（C，0，3）	2.0575	－3.5550	－2.9155	－2.5956	不平稳
dlnY	（C，0，1）	－5.6736	－3.5527	－2.9145	－2.5950	平稳
LnK	（C，0，0）	0.4132	－3.5482	－2.9126	－2.5940	不平稳
dlnK	（C，0，0）	－3.6490	－3.5504	－2.9135	－2.5945	平稳
lnL	（C，0，0）	－1.7179	－3.5482	－2.9126	－2.5940	不平稳
dlnL	（C，0，0）	－6.8393	－3.5504	－2.9135	－2.5945	平稳

注：检验形式（C，T，K）分别表示带有常数项和趋势项，K表示滞后阶数，△表示相应变量的一阶差分，△△表示二阶差分，＊表示在1%的显著性水平上拒绝非平稳假设。

（五）协整检验

根据表5－2，我们可以知道1nY、1nK、1nL均为I（1）过程。由此我们可以进一步检验这六个变量之间是否存在协整关系。根据Johansen协整检验的结果可知，这三个变量之间存在显著的协整关系（见表5－3）。

表5－3　　生产要素和产出变量之间协整关系检验结果

变量序列	特征值	迹统计量	5%临界值	最大特征值	5%临界值	协整方程数
1nY	0.5554	134.5639	95.7537	46.1995	40.0776	None＊＊
1nK	0.4638	88.3644	69.8189	35.5304	33.8769	At most 1＊＊
1nL	0.3050	32.8340	47.8561	23.7365	27.5843	At most 2

注：＊＊表示在5%的显著水平拒绝原假设。

（六）中国创意产业（TI）的产值提取

经济增长的多元回归模型的估计结果如下：

$$\ln Y_t = -4.601764 + 0.620492\ln K_t + 0.704129\ln L_t$$

$$t = (-2.232528) \quad (9.764336) \quad (2.864556)$$

为了清晰起见，表 5－4 是经济增长的多元回归模型的估计结果。由该表不难发现，变量的 p－值均小于 0.05，这表明系数是显著的。同时修正 R^2 高达 0.981449，这表明变量解释了方程的 98.1449%，同时估计模型的 F－统计量和 D－W 值表面模型的估计是稳健的。

表 5－4　　**经济增长的多元回归模型的回归结果**

变量	系数	标准差	t－统计量	P－值
LNK	0.620492	0.063547	9.764336	0.0000
LNL	0.704129	0.245807	2.864556	0.0059
C	－4.601764	2.061235	－2.232528	0.0296
修正 R 平方	0.981449	解释变量标准差		1.351374
回归平方和	0.184061	赤池信息准则		－0.497587
误差平方和	1.897199	施瓦兹信息准则		－0.391949
F－统计量	1535.235	D－W 值		1.833190
P 值（F－统计量）	0.000000			

创意产业产值提取：

$$\ln TI_t = \ln Y_t - (\beta \ln K_t + \gamma \ln L_t)$$

$$\ln TI_t = \ln Y_t - (0.620492\ln K_t + 0.704129\ln L_t)$$

（七）产业转型升级指数的构建

产业转型升级的测度指标包括产业结构合理化的测度指标、产业结构高度化测度指标和产业结构高效化测度指标。

1. 产业结构合理化测度指标

产业比例分析法是最为常见的产业结构合理化测度方法，它是通过辨别各产业间的比例关系与平衡状态的差异来评价产业结构的合理化程度。

结构效果法是另一种产业结构合理化测度的方法，该方法是通过测度产业结构变化所带来的总产值变化的程度来分析产业结构合理化。在该方法中，总产值的增速是自变量，第一产业、第三产业的增速是因变量，由此建立起一元回归模型。若模型得出的结果是第一产业增速对总产值增速的贡献低于第三产业增速对总产值增速的贡献，则表明第一产业对国民经济发展的作用在不断减弱，而第三产业对国民经济发展的作用在不断增强，进而说明产业结构在向合理化方向发展。

除此之外，产业结构合理化的测度指标还有产业水平满足率，产业有序度指标、产业关联性指标、产业可持续发展指标和资源投入指标。综上而言，利用产业比例分析法所计算出的三次产业结构比例指标是最为直观可量化的指标。为此，本书在此选取该指标作为产业结构合理化的代理指标。

2. 产业结构高度化测度指标

周昌林等（2007）在海洋产业结构水平测度中对不同产业之间的技术特征、要素消耗、资本结构特征和产业价值进行综合评价以辨别海洋产业结构的高度化。本文借鉴周昌林等（2007）的这一思想，在研究中引入产业结构高度化指数来直观反映中国产业结构的高度化情况。用 k_i 表示第 i 个产业的产出值在产业总产值的比重，h_i 是第 i 个产业的产业高度值。根据产业结构高度化的产业发展过程，本书根据各产业高度情况来对 h_i 加以赋值，故中国第一、第二、第三产业的产业高度值 h_i 分别为 1，2，3。产业结构高度化指数 $H = \sum_{i=1}^{3} k_i h_i$。

3. 产业结构高效化测度指标

产业结构高效化测度指标到目前为止没有统一的体系，诸如综合消耗产业率指数、产业结构经济效益指数、综合技术进步贡献率指数、产业加工度指数和劳动生产率等。

本书从统计数据的可获得性考虑，选择劳动生产率作为产业结构高效化指标的代理变量。劳动生产率的高低代表着平均每个劳动者在产业中为社会创造的财富的大小。产业结构高效化指数 E = 劳动生产率 = 产业总产值/产业中劳动者年平均数。

根据上述所计算得到的中国产业转型升级的测度指标数值，可计算得出产业转型升级的测度指标的相关系数表（见表 5 – 5）。从该表中不难发现产业转型升级的测度指标间具有较强的相关性，为此，本书考虑使用主成分分析模型来构建中国产业转型升级指数。

表 5-5　　产业转型升级测度指标的相关系数

	合理化指标 1	合理化指标 2	高度化指标	高效化指标
合理化指标 1	1.000000	0.971167	0.952297	0.929317
合理化指标 2	0.971167	1.000000	0.958078	0.950256
高度化指标	0.952297	0.958078	1.000000	0.871502
高效化指标	0.929317	0.950256	0.871502	1.000000

注：合理化指标 1 代表第二产业与第一产业的比值，合理化指标 2 代表第三产业与第一产业的比值。

如表 5-5 所示，产业转型升级指标间具有较强的相关性，为此，本书根据主要成分法评价模型，以各主成分相应的方差贡献率作为权重，以特征值大于 1 作为标准选取主成分，采用加权和思想，建立主成分分析法评价模型。下表 5-6 是产业转型升级指标的主成分分析结果。

表 5-6　　产业转型升级指数的主成分分析结果

特征值:（和 = 4，平均值 = 1）					
序号	值	差	百分比	累计值	累计百分比
1	3.817019	3.686717	0.9543	3.817019	0.9543
2	0.130303	0.095083	0.0326	3.947322	0.9868
3	0.035219	0.017760	0.0088	3.982541	0.9956
4	0.017459	—	0.0044	4.000000	1.0000
特征向量（因子荷载）					
变量	PC 1	PC 2	PC 3	PC 4	
HL1	0.504791	-0.112415	-0.853394	0.065323	
HL2	0.508263	0.007165	0.236310	-0.828116	
GD	0.495491	-0.643492	0.409653	0.415442	
GX	0.491268	0.757120	0.219227	0.370628	

如上表 5-6 所示，第一主成分的方差贡献率为 95.43%，已能很好地反映该组变量的总体变动情况，而且从特征值也可以发现，第一个特征值几乎是后四个特征值的 100 倍以上。因此，本书提取第一主成分作为该组产业转型升级变量的总体性代表。将第一主成分记作 *EI*，则产

业转型升级指数（EI）的构建公式如下：

$$EI = 0.504791 * Hl1 + 0.508263 * Hl2 + 0.495491 * GD + 0.491268 * GX$$

（八）产业转型升级与创意产业的互动关系研究

为了研究产业转型升级与创意产业之间的互动关系，利用1952—2010年的年度数据，利用VAR（2）对创意产业产值lnTI和产业转型升级指数EI两个变量之间的关系进行实证研究，其结果如下：

$$\begin{bmatrix} \ln TI_t \\ EI_t \end{bmatrix} + \begin{bmatrix} -0.5461 \\ 1.0655 \end{bmatrix} + \begin{bmatrix} 1.4605 & -0.1184 \\ 0.9817 & 0.9381 \end{bmatrix} \begin{bmatrix} \ln TI_{t-1} \\ EI_{t-1} \end{bmatrix} + \begin{bmatrix} -0.5731 & 0.1311 \\ -0.7376 & 0.1261 \end{bmatrix} \begin{bmatrix} \ln TI_{t-2} \\ EI_{t-2} \end{bmatrix} + \begin{bmatrix} e_{1t} \\ e_{2t} \end{bmatrix}$$

经检验上述模型是平稳的，两个方程调整的拟合优度分别为：$R^2_{\ln TI} = 0.8830$，$R^2_{EI} = 0.9879$。

表5－7　　产业转型升级与创意产业之间的VAR模型估计结果

	EI	LNTI
EI（－1）	0.938060＊＊＊	－0.118390＊
	[5.16760]	[－2.23014]
EI（－2）	0.126125	0.131149＊＊
	[0.66265]	[2.35617]
LNTI（－1）	0.981665＊	1.460452＊＊＊
	[1.83844]	[9.35258]
LNTI（－2）	－0.737618＊	－0.573055＊＊＊
	[－1.61428]	[－4.28846]
常数	1.065532	－0.546116＊＊
	[1.30667]	[－2.29004]
修正的R平方	0.987923	0.883037
残差平方和	1.778537	0.152107
标准差	0.184940	0.054084
F统计量	1146.218	106.6959
似然对数	17.93742	88.01791

续表

	EI	*LNTI*
赤池统计量	-0.453945	-2.912909
施瓦茨准则参数	-0.274730	-2.733694
因变量均值	3.051099	-4.618951
因变量标准差	1.682861	0.158142
残差协方差矩阵行列式的值（自由度调整）		5.57*E*-05
残差协方差矩阵行列式的值		4.64*E*-05
似然对数		122.6253
赤池信息准则		-3.951764
施瓦兹准则		-3.593334

为了进一步检验扰动项之间的同期相关关系的存在性，本书在表5-8中给出残差的同期相关矩阵。

表5-8　**残差的同期相关矩阵**

相关系数	e_{1t}	e_{2t}
e_{1t}	1	0.6655
e_{2t}	0.6655	1

从表5-8可知，创意产业产值和产业转型升级指数的残差项之间存在的同期相关性较高，这就表明创意产业产值和产业转型升级指数之间存在同期影响关系。

为了进一步分析创意产业产值变化和产业转型升级指数变化的互相响应情况，本书给出了两变量之间的脉冲响应图。

从图5-1可知，当给产业转型升级指数一个正冲击后，前六期创意产业会产生一个正向反应，其影响也在不断增加，从第七期后开始稳定增长，即产业转型升级指数增加1%，创意产业产值增加0.3%。从图5-2可知，当给创意产业产值一个正向冲击，产业转型升级会产生一个正向反应，不过前六期产业转型升级的影响在不断降低，在第六期降到最低（约为创意产业产值增加1%，产业转型升级指数就增加0.15%）。随后，从第七期开始，产业转型升级的影响又在不断增加，在第14期之后开始稳定变化。

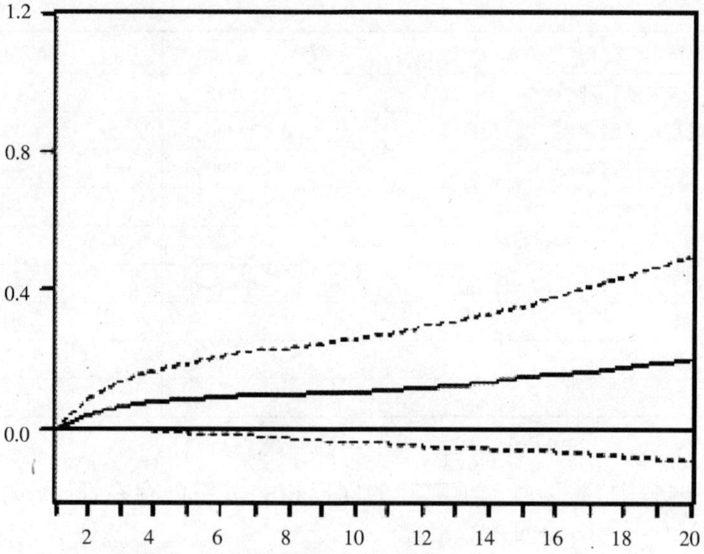

图5-1　产业转型升级冲击引起创意产业的响应函数

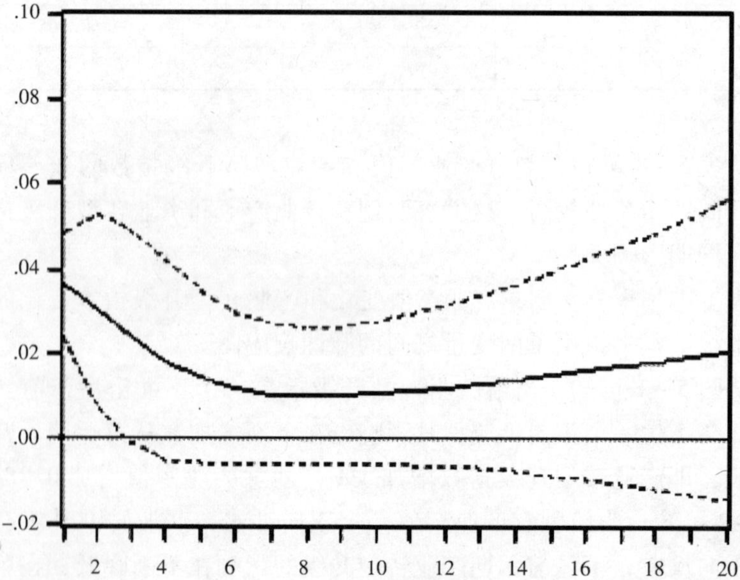

图5-2　创意产业冲击引起产业转型升级的响应函数

由这两个图可知，创意产业与产业转型升级之间的影响是双向的，产业转型升级会促进创意产业产值的增加，而创意产业产值增加又会进一步刺激产业转型升级。

为了分析创意产业产值变化对产业转型升级变化的贡献程度和产业转型升级变化对创意产业产值变化的贡献程度，本书利用方差分析的方法来分析。下表5-9是创意产业和产业转型升级变化的方差分解结果。由该表可知，产业转型升级变化的贡献90%来源于产业转型升级自身的变化，仅10%是由创意产业产值变化所引起的。而创意产业产值变化有两成多是来源于产业转型升级指数变化的结果，70%以上来源于创意产业产值自身的变化。二者比较而言，创意产业产值变化对产业转型升级指数变化的贡献程度要远高于产业转型升级指数变化对创意产业产值变化的贡献程度。

表5-9　　**创意产业和产业转型升级变化的方差分解结果**

（创意产业方差分解结果）			
时期	标准差	EI	LNTI
1	0. 18940	100. 0000	0. 000000
2	0. 281740	98. 02143	1. 978573
3	0. 365051	95. 62414	4. 375865
4	0. 441956	93. 74179	6. 258206
5	0. 515197	92. 46724	7. 532759
6	0. 586534	91. 67052	8. 329478
7	0. 657336	91. 20208	8. 797922
8	0. 728711	90. 94378	9. 056221
9	0. 801563	90. 81328	9. 186719
10	0. 876632	90. 75674	9. 243263
（产业转型升级的方差分解结果）			
时期	标准差	EI	LNTI
1	0. 054084	44. 28443	55. 71557
2	0. 085684	30. 45480	69. 54520
3	0. 106301	24. 75686	75. 24314
4	0. 118351	22. 29770	77. 70230
5	0. 124784	21. 32737	78. 67263
6	0. 128003	21. 08613	78. 91387
7	0. 129594	21. 20159	78. 79841
8	0. 130456	21. 49294	78. 50706
9	0. 131041	21. 88405	78. 11595
10	0. 131556	22. 35191	77. 64809
乔里斯基顺序：EI LNTI			

通过上述分析，不难发现，创意产业与产业转型升级之间相互影响，产业转型升级会促进创意产业的发展，而创意产业的发展又会进一步带动产业转型升级。不过，产业转型升级对创意产业发展的贡献程度要高于创意产业发展对产业转型升级的带动性。

二 微观视角下创意产业与产业结构转型升级间互动关系研究

微观视角下本书将创意产业用文化创意产业来代替，因为创意产业涵盖了文化创意产业的几乎全部内容。文化创意产业是指通过创作、创造、创新等手段得出的文化创意成果，再通过知识产权的实现或消费来实现交易，最后为公众带来文化享受的具有内在联系的行业集群。中国当前正在面临转变经济增长方式的关键时期，文化创意产业在整体产业发展中起到支持和带动作用，文化创意产业对经济结构调整和产业结构调整的作用理应得到更充分的发挥。制造业、建筑业、旅游业、农业等诸多产业的发展都迫切需要经济增长模式的转变，实现中国产业模式由制造向创造转型。目前中国的制造业、建筑业等产业多以简单照搬和模仿国外先进技术来寻求自身的发展，没有知识产权和创意的自主化意识。而中国的经济发展必须彻底改变这一舶来文化的发展模式，需要通过诸如高技术产业和文化创意产业等新兴产业的支持和拉动，通过建立自己的知识产权和创新思维的意识，以文化附加值来焕发经济增长的活力。这就表明中国经济发展模式的转变离不开文化创意产业的支持，中国产业结构转型升级亦离不开文化创意产业的支持。文化创意产业促进产业结构调整的同时，产业结构升级的不断完善会带来整体产业的快速发展，这又会进一步推进产业结构转型升级。

（一）文化创意产业发展综合指标 INI 的构建

本书以北京市对文化创意产业的分类作为标准，将文化创意产业细分为文化艺术、新闻出版、广播、电影、电视、软件、网络及计算机服务、广告会展、艺术品交易、设计服务、旅游、休闲娱乐等九大类。由此可见，文化创意产业并不是同质的产业群，它的内部有不同的产业组合，单纯使用某一个产值指标或者文化产业的增加值指标都不能作为文化创意产业发展的代表。基于此考虑，本书选取国际旅游收入（亿美元）、国内旅游收入（亿元）、文化艺术从业人员（万人）、艺术表演团体收入（亿元）、全国广播电视总收入（亿元）、全国广播电视从业人员数（万人）、全国电影综合收入（亿元）、出版图书种类（万种）、生产故事片（部）等九个变量作为中国文化创意产业发展的测度指标。继而本书将通过因子分析、主成分分析、AHP 等方法来构建中国文化创意产业发展综合指标。

（二）文化创意产业发展与产业转型升级互动关系的计量模型设定

通过上述分析，本书认为文化创意产业的发展会推进中国产业结构的优化升级，为此本书假定文化创意产业的发展与中国产业结构的优化互为正相关关系。

格兰杰（Granger）研究认为，只要非平稳的两个时间变量之间存在协整关系的话，那么这两个变量之间至少存在一个方向上的格兰杰因果关系。格兰杰因果检验是用来分析当期的 Y 在多大程度上可以被滞后期的 X 解释，如果在方程中加入了 X 的滞后值能够提高 Y 的解释程度，即可表明 X 是 Y 的格兰杰原因。为此，本书用格兰杰因果检验来研究中国文化创意产业发展与产业转型升级互动关系。本节的格兰杰因果检验将基于如下的误差修正模型来进行：

$$\Delta \ln INI_t = \alpha_1 + \sum_{\rho}\beta_{1\rho}\Delta \ln INI_{t-\rho} + \sum_{\rho}\gamma_{1\rho}\Delta \ln EI_{t-\rho} + \phi_1 ecm_{1,t-1} \quad (5.10)$$

$$\Delta \ln EI_t = \alpha_2 + \sum_{\rho}\beta_{2\rho}\Delta \ln INI_{t-\rho} + \sum_{\rho}\gamma_{2\rho}\Delta \ln EI_{t-\rho} + \phi_2 ecm_{2,t-1} \quad (5.11)$$

其中 Δ 表示一阶差分，ρ 为滞后期。如果（5. 10）式中的产业转型升级指数 EI 的差分项是显著的，则表明 EI 对 INI 的短期格兰杰因果关系成立；如果（5. 11）式中的中国创意产业发展综合指标 INI 的差分项是显著的，则表明 INI 对 EI 的短期格兰杰因果关系成立；如果（5. 10）式中的修正项 ecm_{t-1} 是显著的，则表明 EI 对 INI 的长期格兰杰因果关系成立；如果（5. 11）式中的修正项 ecm_{t-1} 是显著的，则表明 INI 对 EI 的长期格兰杰因果关系成立。

当 EI 对 INI 的格兰杰因果关系成立，则表明产业转型升级对文化创意产业有推动作用；当 INI 对 EI 的格兰杰因果关系成立，则表明文化创意产业对产业转型升级具有推动作用。

（三）数据来源与检验

1. 数据来源

本书实证研究所涉及的变量包括两个部分。（1）文化创意产业发展的代理指标。对于文化创意产业，根据北京市划分文化创意产业的类别，本书选取 9 组数据进行分析，分别是：国际旅游收入（亿美元）、国内旅游收入（亿元）、文化艺术从业人员（万人）、艺术表演团体收入（亿元）、全国广播电视总收入（亿元）、全国广播电视从业人员数（万人）、全国电影综合收入（亿元）、出版图书种类（万种）、生产故事片（部）。这些指标的数据来源于中国统计年鉴。（2）产业转型升级指数（该指标是本书在宏观视角下创意产业与产业结构升级互动研究部分计算所得数据）。

由于统计资料的限制和统计口径的变化，一部分数据无法获得，因此无法精确反映文化创意产业的发展状况，只能以这些数据大致反映中国文化创意产业的发展历程。另外，由于统计方法发生变化，文化创意产业发展的代理指标体系中有部分指标无法获得连续数据，这些数据在进行计量分析时剔除。文化创意产业相关指标和相应样本期的产业转型升级指数的数据如表5-10所示。

表5-10　**1996—2011年中国创意产业相关数据**

年份	国际旅游收入（亿美元）	国内旅游收入（亿元）	文化艺术从业人员（万人）	艺术表演团体收入（亿元）	全国广播电视总收入（亿元）
1996	102	1638.38	153.71	18.4	—
1997	120.74	2112.7	161.17	20.7	—
1998	126.02	2391.18	176.74	21.9	—
1999	140.99	2831.92	164.57	24.3	—
2000	162.24	3175.32	147.62	26.4	—
2001	177.92	3522.36	137.27	31.2	—
2002	203.85	3878.36	160.51	36.5	—
2003	174.06	3442.27	165.88	40.1	—
2004	257.39	4710.71	224.31	48.6	—
2005	292.96	5285.86	179.87	52.7	—
2006	339.49	6229.74	190.59	59.1	1099.12
2007	419.19	7770.62	195.16	69.1	1316.4
2008	408.43	8749.3	199.87	80.3	1583.91
2009	396.75	10183.69	198.42	93.8	1852.85
2010	421.32	12323.94	201.37	96.4	2013.42
2011	473.29	13992.38	207.12	99.1	2039.13

续表

年份	生产故事片（部）	全国电影综合收入（亿元）	出版图书种类（万种）	全国广播电视从业人员数（万人）	产业转型升级指数
1996	110	—	11.28	43.79	3.627478
1997	88	—	12.01	45.97	3.887428
1998	82	—	13.06	45.97	4.048229
1999	88.5	—	14.18	45.34	4.281651
2000	91	—	14.34	49.46	4.641249
2001	88	—	15.45	50.26	4.870291
2002	100	—	17.1	51.97	5.108866
2003	140	—	19.04	50.92	5.479235
2004	212	—	20.83	58.18	5.443871
2005	260	—	22.25	59.54	5.947763
2006	330	57.3	23.4	62.43	6.452976
2007	402	67.26	24.83	64.53	6.822722
2008	406	84.33	27.41	67.17	7.011428
2009	456	106.65	30.17	70.58	7.272894
2010	473	111.32	35.13	72.45	7.79079
2011	485	120.34	39.11	79.23	8.63241

2. 数据的描述性统计检验

由表5－10可知，全国广播电视总收入和全国电影综合收入在2006年之后才开始有统计数据，为此在考虑到数据样本期的匹配性，本书将这两个指标剔除出中国文化创意产业发展指标体系中。

下表5－11是中国文化创意产业发展指标体系的七个指标和产业转型升级指数的描述性统计分析结果。

表5－11　创意产业与产业转型升级关系研究变量的描述性统计检验结果

	国际旅游收入LY（亿美元）	国内旅游收入GN-LY（亿元）	文化艺术从业人员WY（万人）	艺术表演团体收入YB（亿元）	生产故事片GS（部）	出版图书种类TS（万种）	全国广播电视从业人员数TY（万人）	产业转型升级指数EI
均值	263.54	5764.92	179.011	51.1625	238.219	21.2244	57.3619	5.7075
中值	230.62	4294.53	178.305	44.3500	176.000	19.9350	55.0750	5.4615
最大值	473.29	13992.3	224.310	99.1000	485.000	39.1100	79.2300	8.6324
最小值	102.00	1638.38	137.270	18.4000	82.000	11.2800	43.7900	3.6275
标准差	128.61	3792.66	24.4458	28.6744	160.588	8.37888	11.0483	1.4977
偏度	0.2793	0.9192	0.0534	0.51318	0.4214	0.72127	0.46894	0.3566
峰度	1.5199	2.6444	2.0331	1.83709	1.4857	2.52984	2.00985	2.0650
J－B统计量	1.6684	2.3376	0.6309	1.60385	2.0022	1.53467	1.24000	0.9218
P值	0.4342	0.3107	0.7295	0.44847	0.3675	0.46425	0.53794	0.6307
和	4216.64	92238.7	2864.18	818.600	3811.50	339.590	917.790	91.319
误差平方和	248105.	2.16E+0	8964.00	12333.3	386828.	1053.08	1830.98	33.6462
观察值个数	16	16	16	16	16	16	16	16

3. 数据样本的相关性检验

下表5－12是中国创意产业发展代理指标间的相关性检验结果。由该表可知，各指标间具有较强的相关性，变量间相关系数最低的为0.701377，最高的为0.986099。为此，中国创意产业发展指标需要通过主成分分析的方法来提取。

（四）文化创意产业发展综合指标的构建

1. 文化创意产业发展综合指标的构建

由表5－12可知，中国文化创意产业发展指标间具有较强的相关性，为此，本书根据主要成分法评价模型，以各主成分相应的方差贡献率作为权重，以特征值大于1作为标准选取主成分，采用加权思想，建立主成分分析法评价模型。下表5－13是中国文化创意产业发展综合指标的主成分分析结果。

表 5－12　　　中国创意产业发展代理指标间的相关性检验结果

	国际旅游收入	国内旅游收入	文化艺术从业人员	艺术表演团体收入	生产故事片	出版图书种类	广播电视从业人员
国际旅游收入	1.000000						
国内旅游收入	0.944131	1.000000					
文化艺术从业人员	0.761692	0.701377	1.000000				
艺术表演团体收入	0.968800	0.977341	0.752763	1.000000			
生产故事片	0.975479	0.949296	0.774908	0.977532	1.000000		
出版图书种类	0.948660	0.988187	0.742453	0.981618	0.948431	1.000000	
广播电视从业人员	0.979407	0.977213	0.765557	0.986099	0.968215	0.985156	1.000000

表 5－13　　　中国文化创意产业发展综合指标的主成分分析结果

特征值：（和 ＝ 7，平均值 ＝ 1）

个数	值	差	百分比（%）	累计值	累计百分比
1	6.468872	6.076104	0.9241	6.468872	0.9241
2	0.392768	0.312907	0.0561	6.861640	0.9802
3	0.079861	0.048641	0.0114	6.941501	0.9916
4	0.031220	0.017202	0.0045	6.972722	0.9961
5	0.014018	0.006532	0.0020	6.986739	0.9981
6	0.007486	0.001710	0.0011	6.994225	0.9992
7	0.005775	—	0.0008	7.000000	1.0000

特征向量（因子荷载）：

变量	PC 1	PC 2	PC 3	PC 4	PC 5	PC 6	PC 7
LY	0.385468	−0.071117	−0.564589	−0.561172	0.168814	0.218724	0.369247
GNLY	0.383665	−0.256693	0.422509	0.148789	0.630653	0.418901	−0.114266
WY	0.318382	0.934023	0.139332	0.004064	0.049333	0.065904	0.005151
YB	0.389514	−0.134570	0.008068	0.293459	−0.695877	0.507821	0.043121
GS	0.386264	−0.041082	−0.500689	0.631208	0.188469	−0.400052	−0.066613
TS	0.386647	−0.160443	0.480582	−0.104521	−0.148064	−0.533824	0.525345
RY	0.390425	−0.105421	0.039978	−0.409225	−0.172210	−0.263526	−0.753850

由上表 5-13 可知，第一主成分的方差贡献率就为 92.41%，已能很好地反映该组变量的总体变动情况，而且从特征值也可以发现，第一个特征值几乎是后六个特征值的 20 倍以上。因此，本书提取第一主成分作为中国文化创意产业综合指标的代表。将该指标记为 INI，则中国文化创意产业综合指数 INI 的构建公式如下：

$$INI = 0.385468 * LY + 0.383665 * GNLY + 0.318382 * WY + 0.389514 * YB + 0.386264 * GS + 0.386647 * TS + 0.390425 * RY$$

2. 文化创意产业发展综合指标的平稳性检验

表 5-14、表 5-15 是文化创意产业发展综合指标的单位根检验结果。从检验结果可以看出，文化创意产业发展综合指标是一阶平稳的，也就是说该指标是一阶单位根过程。上节本书一阶验明产业转型升级指数也是一阶单位根过程。

表 5-14　**文化创意产业发展综合指标的单位根检验结果 1**

		t-统计量	P-值*
ADF 统计量		0.753939	0.9886
检验临界值：	1%水平	-4.004425	
	5%水平	-3.098896	
	10%水平	-2.690439	

表 5-15　**文化创意产业发展综合指标的单位根检验结果 2**

		t-统计量	P-值*
ADF 统计量		-5.315975	0.0010
检验临界值：	1%水平	-4.004425	
	5%水平	-3.098896	
	10%水平	-2.690439	

（五）文化创意产业发展与产业转型升级的互动关系研究

1. 协整检验

根据表 5-14、表 5-15，我们可以知道 lnINI 和 lnEI 均为 I（1）过程。由此我们可以进一步检验这两个变量之间是否存在协整关系。根据 Johansen 协整检验的结果可知，这两个变量之间存在显著的协整关系

（见表5－16）。

表5－16 **文化创意产业发展与产业转型升级协整检验结果**

变量序列	特征值	迹统计量	5%临界值	最大特征值	5%临界值	协整方程数
1n*INI*	0.744079	21.47748	18.39771	19.08039	17.14769	None＊＊
1n*EI*	0.157364	2.397090	3.841466	2.397090	3.841466	At most 1

由此可知二者之间存在长期协整关系，继而本书将构建文化创意产业发展与产业转型升级之间的协整方程。

2. 协整方程的构建

以lnEI为被解释变量，lnINI为解释变量构建协整方程1，其估计结果为：

$$1nEI = -1.498945 + 0.419468^{*} 1nINI$$

$$t = (-11.25045)(24.15501)$$

$$\overline{R}^2 = 0.974894, D-W = 2.158813$$

表5－17 **产业转型升级与文化创意产业发展协整方程1估计结果**

变量	系数	标准差	t－统计量	P－值
INI对数	0.419468	0.017366	24.15501	0.0000
常数	－1.498945	0.133234	－11.25045	0.0000
R平方	0.976568	因变量均值		1.709466
校正R方	0.974894	因变量标准差		0.263140
扰动项标准差	0.041694	赤池信息准则		－3.400439
残差平方和	0.024338	施瓦兹准则		－3.303866
似然对数	29.20351	汉南－奎因准则.		－3.395494
F统计量	583.4645	D－W统计量		2.158813
P值（F－统计量）	0.000000			

以lnINI为被解释变量，lnEI为解释变量构建协整方程2，其估计结果为：

$$1nINI = 3.668940 + 2.328112^{*} 1nEI$$

$$t = (22.02484)(24.15501)$$

$\overline{R}^2 = 0.974894$，$D - W = 1.666103$

表 5－18　**文化创意产业发展与产业转型升级协整方程 2 估计结果**

变量	系数	标准差	t－统计量	P－值
EI 对数	2.328112	0.096382	24.15501	0.0000
常数	3.668940	0.166582	22.02484	0.0000
R 平方	0.976568	因变量均值		7.648768
校正 R 方	0.974894	因变量标准差		0.619925
扰动项标准差	0.098226	赤池信息准则		－1.686613
残差平方和	0.135078	施瓦兹准则		－1.590039
似然对数	15.49290	汉南－奎因准则.		－1.681667
F 统计量	583.4645	D－W 统计量		1.666103
P 值（F－统计量）	0.000000			

3. 误差修正项提取

$ecm_1 = 1nEI + 1.498945 - 0.419468 * 1nINI$

$ecm_2 = 1nINI - 3.668940 - 2.328112 * 1nEI$

4. 基于误差修正模型的格兰杰因果检验

在以上分析的基础上，本书利用 OLS 方法对式（5.10）和式（5.11）进行估计，得出误差修正模型的估计结果如下：

$$\Delta 1nINI_t = 0.147287 - 0.309575\Delta 1nINI_{t-1} + 0.463447\Delta 1nEI_{t-1} + 0.60134 ecm_{1,t-1} \quad (5.12)$$

t =（2.424098）　（－1.79923）　（2.616481）　（3.501912）

$\overline{R}^2 = 0.5059$　$T - W = 1.9906$

$$\Delta 1nEI_t = 0.028819 + 0.18139\Delta 1nINI_{t-1} + 0.054786\Delta 1nEI_{t-1} + 0.241667 ecm_{2,t-1} \quad (5.13)$$

t =（1.268600）　（2.332568）　（2.194901）　（1.577085）

$\overline{R}^2 = 0.6156$　$T - W = 1.7726$

为了清楚起见，本书在表 5－19 和表 5－20 给出了误差修正模型的估计结果。

表 5－19　　误差修正模型的估计结果 1

变量	系数	标准差	t－统计量	P－值
ΔlnINI（－1）	－0.309575	0.207779	－1.79923	0.0711
ΔlnEI（－1）	0.463447	0.751762	2.616481	0.0514
Ecm_1	0.601340	0.171718	3.501912	0.0057
常数	0.147287	0.060760	2.424098	0.0358
R 平方	0.619923	因变量均值		0.128596
校正 R 方	0.505900	因变量标准差		0.088608
扰动项标准差	0.062284	赤池信息准则		－2.479258
残差平方和	0.038793	施瓦兹准则		－2.296671
似然对数	21.35481	汉南－奎因准则.		－2.496160
F 统计量	5.436825	D－W 统计量		1.990611
P 值（F－统计量）	0.017735			

由表 5－19 可知，在以中国文化创意产业为被解释变量的误差修正模型中，中国文化创意产业对数值的差分项和产业转型升级指数对数值的差分项均显著，这表明短期内，产业转型升级有助于推进中国文化创意产业的进一步发展。同时，误差修正项是显著的，这表明产业转型升级对中国文化创意产业的影响是长期的。而且 $\Delta \ln EI_{t-1}$ 项的系数为正，这就印证了本书的假设，产业转型升级对中国文化创意产业的影响是正向的。

由表 5－20 可知，在以产业转型升级为被解释变量的误差修正模型中，中国文化创意产业对数值的差分项和产业转型升级指数对数值的差分项均显著，这表明短期内，中国文化创意产业的发展对产业转型升级是有影响的。且中国文化创意产业对数值的差分项滞后一期的系数为 0.181390，这表明文化创意产业的发展有助于产业转型升级的加快。而误差修正项是不显著的，这就表明文化创意产业的发展对产业转型升级的影响不是长期的，这就说明文化创意产业发展对产业转型升级的影响是有瓶颈的。

表 5 – 20　　误差修正模型的估计结果 2

变量	系数	标准差	t – 统计量	P – 值
ΔlnINI（–1）	0.181390	0.077764	2.332568	0.0419
ΔlnEI（–1）	0.054786	0.281095	2.194901	0.0494
Ecm_2	0.241667	0.153237	1.577085	0.1459
常数	0.028819	0.022717	1.268600	0.2333
R 平方	0.673514	因变量均值		0.056984
校正 R 方	0.615568	因变量标准差		0.028153
扰动项标准差	0.023291	赤池信息准则		–4.446556
残差平方和	0.005425	施瓦兹准则		–4.263968
似然对数	35.12589	汉南 – 奎因准则.		–4.463457
F 统计量	2.997947	D – W 统计量		1.772577
P 值（F – 统计量）	0.081869			

通过对表 5 – 19 和表 5 – 20 的比较不难发现，短期内，中国文化创意产业的发展与产业转型升级之间相互影响，并且均起到正向作用。但产业转型升级对中国文化创意产业发展的影响系数为 0.463447，而中国文化创意产业发展对产业转型升级的影响系数为 0.181390，这就表明产业转型升级对中国文化创意产业发展的影响程度高于中国文化创意产业发展对产业转型升级的影响程度。在长时间内，产业转型升级对中国文化创意产业的正向影响是存在的，中国文化创意产业对产业转型升级的影响是不存在的。这就表明，产业转型升级将持续推动中国文化创意产业大发展，而中国文化创意产业的发展对产业转型升级的影响具有瓶颈效应。

第三节　小结

创意产业就其内涵而言有广义和狭义之分。从广义角度考虑，创意产业应该是各产业中不能被生产要素变量解释的部分产值，因为从宏观上来看，创意产业的创意性因素加入到传统产业的各个环节，并对传统产业的升级起着巨大的推动作用，这就出现了经济的总产值超越了由传统的生产要素投入所带来的，也即非生产要素变量对经济总产值的贡献部分。从狭义角度考虑，创意产业就可以理解成文化创意产业，该产业是指通过创作、创造、创新等手段得出的文化创意成果，再通过知识产权的实现或消费来实现交易，最后为公众带来文化享受的具有内在联系的行业集群。在转变经济增长方式的关键时期的中国，文化创意产业在整体产业发展中起到支持和带动作用，文化创意产业对经济结构调整和产业结构调整的作用应得到发挥。制造业、建筑业、旅游业、农业等诸多产业的发展都迫切需要经济增长模式的转变，实现中国产业模式由制造向创造转型。

为此，本书从两个角度来分析创意产业与产业转型升级的互动关系。从宏观角度来说，传统产业的升级也因为为创意产业的发展提供了基本的需求动力和技术基础，所以传统产业内部的升级也带动了创意产业的发展，产业内部结构的升级是创意产业发展的原动力；从微观上来看，创意产业已经随着规模的扩大而发展成一个独立的产业。中国的经济发展必须彻底改变这一舶来文化的发展模式，需要通过诸如高技术产业和文化创意产业等新兴产业的支持和拉动，通过建立自己的知识产权和创新思维的意识，以文化附加值来焕发经济增长的活力。这就表明中国经济发展模式的转变离不开文化创意产业的支持，中国产业结构转型升级亦离不开文化创意产业的支持。文化创意产业促进产业结构调整的同时，产业结构升级的不断完善化会带来整体产业的快速发展，这又会进一步推进产业结构转型升级。

为此，本书分别通过构建 VAR 模型和基于误差修正模型的格兰杰因果检验来分析宏观视角下和微观视角下的创意产业与产业结构升级之间的相互影响关系。通过本书的实证研究，笔者发现：

（一）宏观视角下，创意产业产值和产业转型升级指数的残差项之间存在的同期相关性较高，这就表明创意产业产值和产业转型升级指数之间存在同期影响关系。同时，创意产业与产业转型升级之间的影响是双向的，产业转型升级会促进创意产业产值的增加，而创意产业产值增加又会进一步刺激产业转型升级。不过，产业转型升级对创意产业发展的贡献程度要高于创意产业发展对产业转型升级的带动性。

（二）微观视角下，短期内，中国文化创意产业的发展与产业转型升级之间相互影响，并且均起到正向作用。但产业转型升级对中国文化创意产业发展的影响系数为 0.463447，而中国文化创意产业发展对产业转型升级的影响系数为 0. 181390，这就表明产业转型升级对中国文化创意产业发展的影响程度高于中国文化创意产业发展对产业转型升级的影响程度。在长时间内，产业转型升级对中国文化创意产业的正向影响是存在的，中国文化创意产业对产业转型升级的影响是不存在的。这就表明，产业转型升级将持续推动中国文化创意产业大发展，而中国文化创意产业的发展对产业转型升级的影响具有瓶颈效应。

通过对文化创意产业与产业结构升级之间的关系分析，结合上面的实证结论，不难发现，产业结构转型升级推动了创意产业的发展，而创意产业的发展同样反过来促进了产业结构的升级，但是创意产业发展不是产业结构升级的唯一动力，其他产业对产业结构的升级同样发挥着不可或缺的作用，而创意产业发展的落后将对产业结构的升级起到瓶颈作用。

第六章　结论及促进中国创意产业发展对策

第一节　基本结论

经过上述分析，本书认为，创意产业并非一个或一些独立的产业，它是既存产业的有机组成部分，并且随着市场需求规模的扩大而独立出来。创意产业的发展既需要依靠科学技术的不断创新、创意人力资本的积累和文化资源要素的投入，也需要借助于现有产业结构的升级。创意产业的发展是需求拉动和供给推动共同作用的结果，尤其是消费需求结构升级是创意产业发展的市场需求条件，离开了消费者消费需求结构的升级，创意产业就无法得到有效的发展。创意产业的发展本质上是既存产业的内部结构升级。既存产业的要素禀赋结构、技术结构、产品结构以及产业链和价值链的构成，内生决定了创意产业的内容、形式和发展方向。要促进创意产业的持久健康的发展，必须提升消费者需求结构，努力促进技术水平的创新和人力资本及文化资源的大力投入，促进既存产业结构的升级。同时从政策上解决创意产业发展中所存在的一些基础性的问题，如产权保护和资金扶持等。

要想促进创意产业的快速发展，除了借助市场的力量之外，政府也要发挥积极的作用，欧美等发达国家和亚洲的日韩等国家创意产业发展的成功都是和这些国家政府制定了积极的创意产业政策分不开的。中国政府也已经意识到创意产业的重要地位，并开始采取积极的政策来促进创意产业的发展。自 2002 年党的十六大以来，政府制定了若干关于促进创意产业的政策，其内容包括了确定创意产业的战略地位、创意产业的发展规划、创意产业的区域布局等，尤其是 2009 年 9 月，国务院常务会议审议通过了《文化产业振兴规划》，在规划中，八项重点工作的第一项就是加快发展创意产业，从这一点可以看出中国政府从国家这个高层面上确认了创意产业在中国经济系统中的重要地位。虽然创意产业在中国获得了充分重视，但是与国外相比，中国创意产业起步较晚，发展还不尽如人意，存在着这样那样的问题，只有针对中国创意产业发展的实际情况，积极探索符合中国创意产业发展的对策，为创意产业的发展提供良好的环境，才能促进中国创意产业的快速发展和实现经济增长方式的转变，让创意产业成为中国经济新的增长点。

第二节　创意产业政策的意义及制定原则

一　创意产业政策制定的意义

产业政策一词是日本通产省代表，原通产省经济研究所所长小宫龙太郎在 OECD 大会上所作的《日本的产业政策》的演讲中提出的，他认为产业政策是“政府为改变产业间的资源分配和各种产业中私营企业的某种经营活动而采取的政策”。由于市场本身存在着盲目性，所以仅仅依靠市场力量并不能达到资源的最优配置，政府适当对产业结构进行调整更有利于资源配置优化。产业政策的核心是对市场在资源配置中出现的“市场失灵”进行政策性的干预，本质是政府采取措施干预资源在产业内部的分配，以加快产业结构的演进和发展。

创意产业政策的目的是要根据经济社会发展的要求，充分了解本国创意产业发展的现状，并在对本国要素禀赋的客观情况进行调查的基础上，以市场机制为基础，通过制定相应的政策，有针对性地去规划、干预和引导创意产业的形成和发展，引导社会资源在产业部门之间以及创意产业内部合理优化的配置，建立高效的创意产业结构，带动国家经济结构的升级和促进国民经济的健康发展。

二　创意产业政策制定的原则

为了获取更高的产业附加值，解决国内就业难题，英国早于 1997 年就成立了一个专门任务小组，试图通过发展创意产业来重新振兴英国经济，并把推广创意产品作为让英国走出经济困境的新出口。1997—2001 年间，英国创意产业产值平均增长率为 8%，而同期整体经济增长率则为 2.8%；创意产业吸收就业平均增长率为 5%，而整体经济就业增长率为1.5%。[①] 创意产业突破了传统产业的资源束缚，表现出极强的生命力与增长性，英国的系列政策引起其他发达国家的纷纷效仿，一些发达国家看到创意产业的发展潜力及其在未来经济发展中的战略性地位，将其作为支柱性产业或先导产业。

发展创意产业已经是全球经济大势所趋，然而，在国内很多人对创意产业还很陌生，对创意产业的地位及未来发展趋势，更是持怀疑甚至是否定的态度。直到2006年9月13日中国才出台《国家“十一五”时期文化发展规划纲要》[②]，在纲要中，政府提出以建设文化创意产业中心城市为核心，加快文化创意产业园区建设。由于起步晚，中国创意产业发展面临的困难比较多，要在这一轮经济竞跑中赢得优势，必须借助于国家政策的力量，制造有效的创意产业发展政策，促进中国的创意产业加速发展。但是，认识“市场失灵”的存在从而进行政策性干预和实施跨越式、赶超型发展战略，更需要确定好政府在创意产业发展中的角色定位，合理处理好市场和政府在创意产业中的边界，该由市场做的政府不能过多干预，市场解决不了的，政府则需要大力扶持，只有这样才能促进创意产业的健康发展。针对创意产业发展制定政策时，拔苗助长或因噎废食都是不可取的态度。具体来说，中国制定创意产业发展政策，需要遵循以下原则：

（一）创意产业发展政策的制定要适应中国国情。虽说西方创意产业的发展起步早且已取得令人瞩目的成绩，但是其创意产业政策并不能全盘照搬到中国，我们需要正确认识中国与创意产业相关的要素禀赋、需求结构等方面的国情，把握好创意产业的产业规模、发展水平和运作机制，只有从中国国情出发，才能够制定出真正适用于中国的创意产业政策来。

（二）要坚持以市场为导向的原则，充分发挥市场调节功能，体现优胜劣汰的竞争机制。创意产品的生产与消费同样涉及资源的优化配置问题，同样要以实现经济效益最大化为目的。人的经济行为都要受到利益驱动，坚持以市场为导向，明确企业的市场主体地位，增强企业、自

---

① 佚名：《创意聚焦未来》，http：//finance. sina. com. cn/g/20070906/19563954026. shtml。

② 《国家“十一五”时期文化发展规划纲要》：http：//www. gov. cn/gongbao/content/2006/content_ 431834. htm。

负盈亏、自我发展的意识，才能充分激活创意产业发展的内在活力。

（三）政策制定要遵循创意产业自身的发展规律。只有充分考虑创意产品及其服务的特点，才能够有的放矢，在充分发挥市场调节效率的基础上，对市场失灵的部分进行矫正。

第三节 创意产业政策的内容

既然创意产业的发展主要受供需制约，那么创意产业政策也应该从影响供需的因素入手，针对中国技术水平低下、创新不足、创意人才短缺等问题，政策应该着力促进技术创新，提高创意人才的数量和素质，积极推进现有文化资源向创意产品的转变；而针对中国目前需求结构偏低，产品附加价值低等问题，需要从政策上进一步提高消费需求，促成产业价值链增值环节的转移。

一 鼓励技术创新

创意与技术历来如影随形，技术的每一次进步，都带来创意产业的新的发展。近代以来，广播、电视、互联网等新兴传播媒介，无一不是技术创新的产物。创意产业本身就是知识密集、信息密集和技术密集型产业，各种先进的高科技使得数字化、网络化成为创意产业未来的发展趋势。

日本为发展创意产业，加大了数字技术在传播领域的运用，富士产经集团在1998年启动了数字化通信卫星广播，并于次年启动了卫星数字广播站。数字技术的有效运用，大大增强了企业规模和市场竞争力。富士产经集团旗下的日本广播公司（NHK）每天用2个卫星广播系统和5个卫星广播站、22种语言向全世界广播。① 在数字出版方面，作为数字出版的先行者，亚马逊于2000年4月与出版商西蒙舒特及Adobe公司合作，以电子格式在网上发行美国“恐怖小说之王”史蒂芬·金的新作《骑弹飞行》，短短24小时内，约40万读者下载了这本标价2.5美元的惊悚小说。同年底，亚马逊正式开设电子图书书店，其电子书以纸质图书40%左右的价格向读者提供近1000种电子图书。2003年

① 孙安民：《文化产业理论与实践》，北京出版社2005年版。

10 月，亚马逊开始提供针对全书的“书页检索服务”（Search Inside the Book）。2007 年，更是推出真正具有划时代意义的阅读器产品——Kindle，该阅读器尽可能模仿书本氛围，并具备同步字典查阅、变更字体等功能，受到市场热捧。

科技创新推动着时代的进步，产品的更新换代周期越来越短，消费者的满足度逐渐提高，科技创新下的新事物对市场不断的冲击，并带来巨大的经济价值。这一点从手机领域中我们就可以窥见一斑。手机从最早的应用纯粹是为了实现其核心价值通信，到今天的智能手机，每一个转变都是技术进步的表现，今天的手机已经远远超过了人们的预期，而是一个集成性产品，它将手机、相机、电脑、音乐播放器等多种产品融为一体，满足着人们日益变化的需求，并为国民经济创造了巨大的财富。

由此可见，中国政府发展创意产业的一个重要责任，就是政府要进一步增强“技术自觉”，在政策制定上鼓励技术创新，推进高新技术成果与创意产业的融合，提高创意产品生产和服务手段的科技含量。本书认为，具体措施应包括以下几个方面。

一要用高新技术改造传统创意产业。加快推进高新技术成果与传统创意产业的结合，提高创意产品生产和服务手段的科技含量。从操作层面来说，政府可协调高校和科研机构，有针对性地开发面向创意产业的新材料、新工艺、新技术。

二是要大力发展与高新技术密切结合的新兴创意产业。加快发展文化博览、动漫游戏、数字出版、数字传输、新型文化装备制造等新兴创意产业，积极发展纸质有声读物、电子书、手机报、数字报和网络出版物等新兴出版发行业态，支持发展移动多媒体广播电视、高清电视、网络广播影视、数字多媒体广播、手机广播电视等新兴媒体，加快推进广播电视网建设，实施双向数字化改造，构建一个传输快捷、覆盖广泛的文化传播体系。政府要推动科研机构、文化企业加强对数字技术、数字内容、网络技术等核心技术的研发，努力掌握一批具有自主知识产权的核心技术。

三是要通过税收优惠、基金支持等多种方式，引导创意企业开发具有世界先进技术水平、具有民族特色、拥有自主知识产权的高科技创意产品，使中国创意产业在开发、制作、传播等各个环节上具有世界先进技术水平，尽快缩小与发达国家的差距。

当然，促进科技与创意的融合，科技只是手段，不能因为过度地注重技术而忽视了创意本身应该具有的其他方面的内涵。

二 培养创意人才

创意人才是创意产业发展的根本，加快创意产业的发展，必须培养和吸引一大批符合国家创意产业发展的高素质高水平的创意人才，这些创意人才既包括创意技能型人才也包括创意经营型人才，只有形成一个全方位的创意人才团队，才能够为创意产业的发展提供基本的发展条件，创意产业才能获得源源不断的动力资源。

近几年中国从事创意产业的人员迅速增加，据新华网的一篇报道称，截至2011年底北京市全口径文化创意从业人员已达120多万人。① 据天津日报提供的数据，2011年天津市创意产业的从业人员约30万人。② 这些数据表明中国创意产业人才培养已经取得一定的成果。但是如果考虑到人才的质量和结构问题，中国创意人才的培养非常落后。例如，创意人才的缺乏是制约中国动漫产业发展的首要因素，中国的动漫市场虽说非常大，并且呈现日益增长的势头，但是国内流行的动漫产品大多数来自于国外，中国自己的动漫企业迫于动漫人才的缺乏，更多的业务内容是以承接国外的来料加工为主。在动漫人才培养方面，虽说国内各大高校也都设立了动漫专业，但由于缺乏实践经验，导致毕业生主要精于动漫的中期绘制加工，而对于真正拥有创意点子，进行原创性开发的人才非常缺乏，而动漫制作的综合性人才更是稀缺，这些都影响了动漫的创作质量，并阻碍了动漫产业的发展。由于创造性动漫人才的缺乏，中国的动漫作品缺少新意，要么沿用以前的老套路，要么一味模仿国外产品，难以突破。

目前中国创意产业的从业人员以技能型创意执行人员为主，真正能够进行自主研发，以“头脑”为特征，以专业或特殊技能为手段的真正意义上的高端创意人才极为稀缺，创意经营人员严重不足，无法实现

① 佚名：《北京文化创意产业从业规模居全国之首》：http://news.xinhuanet.com/society/2012-01/16/c_111442480.htm。

② 佚名：《天津五大类创意产业从业人员30万总产值达700亿》：http://www.ccitimes.com/yejie/caijing/2012-01-09/56828.html。

各类创意人才的群体效应[①]。为了培养大量具有国际水准的专业人才，需要做好以下方面的工作。

第一，在国内通过各种渠道积极发掘创意人才。

创意人才的特点是不循规蹈矩，所以通过传统的招聘方式未必能够挖掘到创意人才，很多有想法的创意人才未必是以高学历为特征的，而非常有可能在某个工作岗位上被大材小用，默默无闻地做着不喜欢的工作。所以发掘创意人才需要采取非常规的招聘方式和手段，如通过电视台举办一些创意大赛等方式来进行人才选拔，这样既能够通过实际的参与发现企业真正需要的人才，也能够通过举办活动提高企业的知名度。目前中央电视台所举办的一些青年歌手大赛、服装设计大赛，以及一些企业举办的有针对性的比赛，如欧莱雅集团举行的发型设计大赛等都是很好的人才选拔手段，值得现有的企业进行借鉴。

第二，加大对国际优秀创意人才的吸引。

创意的产生不应该局限于国内，同样，创意人才也不应该仅仅从国内发掘和培养。作为全球创意产业发展的领导者，美国拥有世界各地的杰出创意人才，美国在吸引世界创意人才方面所做的努力值得中国学习。据统计，美国的创意阶层总人数达到约3850万人，占美国劳动力的30%左右。[②] 为了吸引世界各国创意人才的加入，美国通过组建创意人才集聚高地来吸引各地的创意人才，这些人才包括创意策划、管理、营销等多方面的人才，从而构成一个完整的创意人才产业链。伦敦、纽约通过在旧厂房上建立起来的LOFT，已经成为世界各国学习的典范，LOFT是比较典型的创意生活圈。在这样的圈子里，人们可以自由地发挥特长，没有严格的管控，创意点子可以很快得到交流、实验和有效推广。因为这样的圈子对各国创意精英具有很大的吸引力，所以汇集了大量来自世界各地的创意人才，推动了美国创意产业的高速发展。新加坡是个本土化人口占比很少的国家，但是新加坡的创意产业发展很好，这是因为该国能够通过多种方式吸引外来人才，新加坡在海外设置了专门的部门作为吸引和招收海外专业人才的据点，据报道，目前智力型和技

① John Howkins. The Creative Economy: How People Make Money from Ideas [M]. London: Penguin Global, 2002.

② 姜文学：《创意产业与创意人才培养》，《天津师范大学学报》（社会科学版）。

能型移民对新加坡经济增长贡献率高达37%。[①] 中国创意产业发展较好的地区也已经开始注重创意人才的吸引，如深圳对于创意人才的流入提供了户籍、医疗保障及配偶或子女生活等方面的各种优惠措施；北京也特意拨出专项资金用于创意产业发展，并对于文化创意企业聘用的海内外高层次管理人才、创意人才和营销经纪人才中的京外人才，实施优先办理调京或办理《北京市工作居住证》等措施。总体来说，创意本身需要多元化的土壤大力支持才能获得源源不断发展的动力，在引进人才方面，一定要突破旧有的框框，在吸引人才方面给予更多的优惠，让人才的流入不再受户籍、住房、医疗、子女教育等方面的限制，只有如此，才能够吸引并留住优秀的创意人才，中国的创意产业才会获得生机和活力。

第三，建立健全创意人才的培养体系。

对国内的创意人才按照需要进行培养，是满足创意产业所需人才的一个重要途径，在创意产业发展好的国家都将本国创意人才的培养当做重要任务来做，在学校和社会开设了若干创意相关专业来进行创意人才培养。英国作为世界创意经济发源地，他们在提升国民整体素质和激发国民创造力的基础上来培养创意人才。为了提升高校学生创意的实践能力，英国设立了一个“创意合作伙伴计划”的文化项目，该项目通过相关文化主管部门的牵线搭桥方式使高校和创意机构进行长期合作，旨在让在校的5—18岁的学生有机会接触创意的实践活动从而提升创意技能，该项目同时还会提供所需的新技能的培训。新加坡政府则在提高国民人文素养的基础上来促进创意产业的发展。为了提升国民的文化欣赏能力，新加坡政府开始进行教育改革，如在课程教学中把媒体、艺术、设计等创意内容融入进去，从而潜移默化地提升学生的人文素养，接受人文熏陶；此外，高校也创造机会鼓励学生参与课题研究，让学生通过实际操作来增强创造性思维能力。

中国要想培养创意人才，也必须建立创意人才的有效的培养体系，为创意产业的发展提供源源不断的人才资源，形成创意人才供应的长效机制。

---

① 梁新华：《经济增长方式转型与发展创意产业的政策环境》，《毛泽东邓小平理论研究》。

首先，创意人才的培养需要得到政府的认可和大力支持，并将创意人才培养列入政府规划中。如创意产业发展好的地区上海，早在2004年11月，上海劳动和社会保障局就做好了创意人才的培养计划，并在一些特定的行业挑选有潜力的创意型人才作为培养目标，这些行业都是创意性行业，如广告、建筑、文化产业等。此外，政府可以通过留学基金，为紧缺的创意人才出国培训提供机会。总之，只有获得政府的扶持，创意人才的培养才能够合法化合理化，才能够顺畅地进行。

其次，应该创建专门的创意学院或者在原有的高校中设立创意相关专业，并设立研究基地，对创意人才进行全方位的正规教育。过去的几年，中国艺术类高等教育事业得到巨大发展，每年招生人数都在增加，基本形成了学科专业门类齐全的高等艺术教学体系。但是，由于起步晚缺乏经验且教育投入有限，培养出来的基本是初级创意人才，创新能力薄弱。未来，高校需要根据市场需求来进行专业的调整，加强对于高端创意人才的培养，从而保证创意人才链的完整，适应创意产业的高增长性。改变应试教育对于学生创新能力的扼杀，充分调动学生创造的积极性，并努力搭建创意平台，进行学校和企业或者创意基地的合作，产学结合，给学生提供真正实践的平台，为创意产业的发展输送高端人才。

最后，充分利用各种培训机构和社会资源。高等学校由于受到专业设计和学科的限制，无法在短时间内培养出大量符合创意经济发展需要的人才，所以，充分利用社会丰富的智力资源，鼓励高校、政府相关机构及企业进行创意人才培训，这类培训针对的对象有别于高校学生，而是针对在创意产业领域的从业人员，这些人员已经具有一定专业知识和专业技能，通过培训可以更进一步提升自己的水平，这种高校外的社会培训在国外已经发展成熟，且已被证明是培养创意人才的一条有效途径。政府需要加强对这些培训机构的监督，从而让这些机构为社会需求提供不同类型的培训，形成有序的创意人才培训网络，满足社会对于各种不同类型创意人才的需要。

三　加强文化资源的开发和利用，促进文化资源向文化创意产品的转变

中国有着五千年悠久的历史文化，这些文化资源如果被开发变成创意产品可以为中国经济创造更多价值，但是目前中国对于文化资源开发

利用程度很低，甚至更多优秀文化资源被外国企业抢先开发，如上面我们提到的花木兰及中国四大名著之一《西游记》等，结果中国文化资源为外国经济作了贡献。由于文化资源具有公共产品的特点，所以不及时开发中国这些传统文化资源，就会坐失良机，失去市场。本文认为，只有充分地开发现有的文化资源，努力把中国打造成一个文化强国，才能够增强民族的凝聚力和自豪感。将历史文化资源合理地开发利用，扩大中华文化在世界上的影响力，对于中国整体经济的发展有着极强的推动力，只有这样才能够在文化市场的争夺上不被外国文化所绑架。对于文化资源的开发，需要从以下几方面进行。

首先，应该从战略上确立“文化立国”的思想。日本和韩国等国家的政府都把文化创意产业放在十分重要的战略位置加以推进，将文化创意产业作为支柱产业，并给予政府投入、税收减免、土地优惠、市场补贴等方面的政策优惠。中国也必须从政府层面上来制定国家文化发展战略，提高全民对发展文化创意产业重要性、紧迫性的认识，把发展文化创意产业作为推动经济结构转型升级、扩大就业、提高国民素质、扩大地方文化影响的一个重要途径，把加快文化创意产业发展列入重要议事日程，协调各方面的力量，努力推进文化创意产业的发展。

其次，积极开发国内优秀文化资源，加快文化资源向文化创意产品的转化。中国几千年的文化，积累了大量的优秀文化资源，但是由于缺乏具有一定市场眼光的创意人才，中国的优秀文化资源经常被国外发掘并转化成文化创意产品，结果文化资源的拥有者变成了“出口”文化资源“进口”文化创意产品，这种现象与中国文化创意企业对本国文化资源缺少认识有关。所以相关部门应该从政策上鼓励各政府机关、企业和个人等对于文化资源进行打造，将中国优秀的文化努力打造成优秀的文化创意产品，实现价值增值。

再次，不断优化现有文化创意产品结构。目前，中国文化创意产品在数量上已经达到一个相当高的水平，但总体质量还不高，国际竞争力较弱。主要问题是低端文化创意产品过多，思想性、艺术性、观赏性相统一的文化精品过少。需要政府加强政策引导，通过财政资助、表彰奖励等多种途径，推动文化创意企业不断增强市场意识和精品意识，生产更多人民群众喜闻乐见、市场适销对路的优秀文化创意产品，努力满足人民群众日益增长的多层次、多样化的文化需求。现阶段，要特别注重科技含量高、市场竞争力强、效益较好的文化创意产品的市场开发，更好地赢得国际市场；特别注重针对城乡不同文化消费需求和特点，开发更多能够贴近实际、贴近生活、贴近群众，人民群众买得起、用得上的大众文化创意产品。

四　培育创意产品的市场需求

供需是市场发展不可缺少的两个方面，但是中国一些城市在创意产业发展的过程中，只关注了供给，也就是把注意力更多地投往创意园区和创意企业的建设，忽视了对创意产业市场需求的培育，缺少创意消费群体，创意园区和企业建得再好再多也是资源的白白浪费，无法带动创意市场的真正发展。

创意产业作为一种高附加值的产业，它的产品中蕴涵了丰富的观念价值。在满足消费者的需求时，观念价值与功能价值不同。功能价值主要满足消费者生理方面的需求，其需求水平与消费者的生理条件、所面临的自然条件等因素有关，观念价值则主要用于满足消费者精神层面的需求，其需求水平与消费者的教育结构、所面临的文化背景有关系。高层次的教育结构和良好的文化背景有助于增加消费者对观念价值的需求。随着经济的发展和物质条件的丰富，如果人们的教育水平没有相应的进步，精神层面的消费未被激活，多余的消费能力无法正常释放，人们就会将之转化为可以通过生理刺激来达到目的的、没有文化含量的精神消费。黄、赌、毒以及一些暴力行为都与这种没有文化含量的、停留在生理刺激层面的消费有关。改革开放以来，中国经济得到极大的发展，物质生活得到丰富，与文化教育水平相比，这种物质需求的满足甚至是“瞬时”完成的，一些地区城市化建设突飞猛进，经济活动繁荣的地方冒出无数个大大小小的“暴发户”。但是，与物质条件大力发展相对应的，是文化教育的长期落后。这种落后首先体现在中国接受高等教育学历的人口比例低，其次还体现在中国大学教育条件差、水平低。这样的教育水平使得中国改革开放以来积累的消费能力很难通过文化消费得以释放，于是人们通过寻求过度物质刺激来释放消费力，在物质消费方面铺张浪费，在精神消费方面偏好低格调文化消费。市场为了获利则一味地迎合这种低格调的需求，宣扬自私自利甚至封建落后的文化。这种市场发育的后果，是低俗文化产品充斥市场，难有高品质的创意产品上市，以牺牲精神文明为代价，舍本逐末，使文化创意产品的市场更加萎缩。创意产业市场需求不旺，其根本原因就是落后的文化教育跟不上物质经济的发展速度。长期维持这种状态会威胁到创意产业的进一步发展。因此，为了创意产业的健康发展，中国必须加大对文化教育产业的有效投入，提高精神文明建设的层次，以培育对创意产品可持续的市场需求。

韩国和新加坡是亚洲创意发展好的国家的典型代表，他们在发展中除了注重创意企业的发展更注重对消费者创意消费的意识的培养。如韩国，开放所有的博物馆、支持公民的创意发展，提供公民与创意者及创意产品近距离甚至是零距离接触的机会，并成立文化产业发展推介中心作为创意产业发展的专业性组织，该中心广泛收集与创意产业相关的信息供大家下载和浏览，为个人和企业提供创意产业方面的全方位基本服务。新加坡则是将创意教育融入国民教育各个阶段中，培养国民的创意能力，并且由政府进行财政拨款来提供公共场所的雕塑等艺术作品，通过培养公民的创意审美观来增强消费者的创意产品消费意识。

国外的先进经验给中国提供了有效的借鉴，要想培养公民创意意识，中国除了加强对于公民文化教育之外，还要加大对创意产业宣传和推广的力度，并鼓励相关机构和个人开展各种发挥群众创意思维、提高民众实践能力的活动，提高百姓在创意活动中的参与度，使百姓与创意产业沟通的渠道顺畅。

五　促进创意产业发展的基础政策内容

（一）完善知识产权保护体系

创意产品具有高固定投入、低边际成本的特点，而且，由于观念价值是其价值构成的主要部分，一些创意产品很容易被复制，排他性不强。因此，要促进创意产业的发展，完善的知识产权保护体系就变得必不可少。美国成为世界上创意产业最发达的国家，一个很重要的原因就是美国政府从 20 世纪 70 年代开始全面实施版权战略，加强知识产权的保护，使得各种文化创意公司消除了后顾之忧，降低了交易成本，激发了从业人员的创作热情。而中国知识产权法律体系远未完善，公民普遍缺乏版权意识，使得仅有的知识产权法律执行起来也困难重重。因此，要促进创意产业发展，必须完善中国知识产权保护体系。

1. 完善知识产权立法

法律是保障权利的最行之有效的手段，知识产权的保护离不开知识产权法律体系的完善。目前中国已经立法对专利权、著作权、商标权、商业秘密、原产地域产品、植物新品种、集成电路布图设计等知识产权进行保护。这些法律法规对加强知识产权保护，规范市场秩序，维护合法权益，促进产业发展发挥了重要作用。但是，近20年中国经济现实不断发生着重大变化，原有的知识产权法律体系已经不能满足中国的经济现实，而且随着文化产业及创意产业的迅速发展，现实中发生了一些现有知识产权法律体系无法解决的问题，知识产权的保护范围被进一步拓宽。政府应该坚持与时俱进，修改或制定相关政策法规，尊重创意产业成果。此外，为了中国创意产业能够实现“走出去”战略，国内相关法律法规还要注意与国际相关法律接轨。

2. 加强法律执行力度，严厉打击盗版产品及走私产品

在影视及软件等领域所存在的盗版产品对于原创者来说是个极大的威胁，因为盗版产品利用其低廉的价格来侵占市场，影响了正版商品的正常售卖，正版商品巨额的投入无法通过市场收回，劣币驱逐良币，愿意进行软件等研发的企业数量减少，正常的市场秩序遭到了破坏。而外国一些版权商品通过非常规渠道进入中国市场，给中国创意产业的市场秩序带来严重的破坏，国内的相关产业受到极大打击。据统计，1996—2004年，全国海关共查获各类进口侵权案件4361起，案值6.3亿元人民币。[①] 为了解决这方面的问题，需要中国海关与各国开展合作，坚决采取严厉措施打击走私犯罪活动，保护创意企业级创意人员的合法权益。今后，中国应继续深入持久地开展对外加强与其他国家知识产权保护的情报交流和执法合作，对内由知识产权管理机构和公安机关等知识产权行政、刑事执法部门进行联合执法，有效打击侵权违法犯罪行为。

3. 加强知识产权意识教育

知识产权的保护除了需要制定严格的法律对违约行为进行约束外，更需要通过加强教育来提升公民自觉遵守法律的意识，公民自觉性的提高有助于创意产业的发展。由于中国知识产权制度建立比较晚，加上技术水平发展长期处于一个较低水平，所以公众对于什么是知识产权，什

① 李冬：《文化创意产业及其政策探析》，东北大学2007年。

么又是侵权，侵权的危害等知之甚少，根本谈不上自觉保护知识产权意识。这种对于知识产权保护意识的淡薄在一定程度上阻碍了创意产业的发展。而在发达国家，公民很早就接受产权保护教育，尊重并保护知识产权已经成为公民自觉履行的一种义务和责任，所以在发达国家，创意的生产者的投入能够得到充分的回报，这种对创意产业的自觉保护对于创意的生产者来说是一个强有力的正面激励。要改变这种状况，就需要加大在各领域的知识产权保护的教育，加强对知识产权法律相关细则的普及和宣传。需要把知识产权法作为一项重要的课程内容安排在高校的教学中，让这些社会未来的精英在学生年代就清楚地了解到知识产权保护的重要性，并在未来工作中积极地贯彻执行，知识产权保护的教育是一个长期推进的过程，不能急于求成，而是从学生抓起，在工作人员中贯彻，逐渐地渗入到社会各个领域，最终实现全民知识产权保护意识的提高。

（二）加大财政支持力度

创意产业中绝大多数行业属于高风险行业，如动漫业、影视传媒业等，一旦确定了选题并开始进行创作，其所花费的支出不是行外人所能够理解的。创意产业不仅仅是高风险行业，更是高投入行业，仍以动漫为例，据了解，动画片的生产成本是以分钟来计算的。在美国，随便一部动画片，就要花费上亿美元的投资。而中国目前的动漫电影，号称最大投资的国产片也只有3000万元人民币，折合美元400多万。[①] 创意产业投资动力不足，也制约着中国创意产业的发展。加快创意产业的发展，需要国家财政部门在以下方面做好工作。

1. 降低创意产业税收负担

政府对文化发展的支持，特别是公共文化服务的提供，很大程度上要靠加大财政投入力度。财政投入的形式很多，如直接提高文化事业费额度、补贴相关项目，等。

虽然中国对文化创意产业在税收金融方面采取了一些优惠政策，但目前中国对文化的税收金融支持仍没有引起各级政府的重视，一个支持、保护、促进文化产业发展的税收金融政策体系尚未在全国范围内形

① 赵全敏：《国外动漫巧借中国元素掘金》http：//news. sina. com. cn/w/2009－05－31/225417921993. shtml

成。总的来看，是中央比地方做得好，试点地区比非试点地区做得好，经济发达地区比相对落后地区好。

从税收政策来看，近年来，中国文化创意产品出口退税率越来越低，如书报刊由17%降到13%，之后又降到11%，电影、音像制品出口退税率由17%降至13%。这种做法虽然短期内可在一定程度上增加一部分税收，但从长远看是得不偿失的。因为中国文化产业还处于成长期，总体规模还不大、实力还不强，是最需要税收政策支持的关键阶段。因此，政府对文化产业的支持，不仅要在比较长的时间内维持一定的税收优惠支持幅度，还应根据政府优先发展的文化产业门类，在支持力度、适应范围等方面，有计划、分步骤地推出若干分量更重、幅度更大、针对性更强的支持政策。特别是在文化体制改革方面，一些地方政府要更好地落实中央确定的政策措施，在转企改制的成本支付、身份转换、社保衔接、税收减免等方面，还需要出台落实的具体政策，体现"早改早受益"的政策导向。

2. 鼓励金融机构加大对创意企业的信贷支持

文化部门可尝试建立与金融机构的战略合作关系，推动金融机构为转制单位和文化企业提供融资支持，引导和鼓励金融机构拓展适合文化产业发展特点的贷款融资方式和相关的保险服务。对符合信贷条件的文化企业，在国家允许的贷款利率浮动幅度内给予最大的利率优惠；建立由政府推动的文化产业贷款绿色通道，对已形成一定规模、获得商业贷款，并且符合国家创意产业扶持方向的企业，给予多种方式的贷款贴息支持，引导银行信贷资金进入文化产业。政府还应支持发展成熟、具有一定规模，经营业绩好且稳定的文化企业在主板市场上市，制定相应的条件，支持符合条件的企业采取发行企业债券等多种方式进行融资。

与此相配套，政府还应加强文化市场信用评价指标体系建设，为征信机构、金融机构和文化市场主体投融资提供信用信息服务。可由政府主管部门聘请具有较高执业资质和道德水准、专业信用评估经验和专业评级队伍的信用评估机构，按照独立、科学、公正的原则，围绕申报企业在信贷、纳税、合同履约、产品质量、社会效益、诚信经营等核心企业信用行为，进行信息征集、核查、初评、后续跟踪等工作，并出具评价报告，为金融机构的信贷服务提供可靠的征信参考。

3. 建立畅通的融资渠道

由于中国创意产业起步较晚，所以当前中国创意企业的规模都很小，且大多数缺少自己的核心产品。又由于创意产业所需要的主要投入要素是智力性因素，并没有太多的固定资产投资，即便是企业拥有无形资产，可是评估机构却很难在企业发展的中期阶段对这些无形资产给予准确的评估定价，这些都导致了创意产业在筹集资金方面面临着困境。因为银行贷款通常需要企业拿出一定资产作为担保，作为刚刚起步规模较小的创意企业，既无价值高昂的固定资产作为抵押，也无法凭借价值不确定的无形资产来获得资金投入。创意企业虽说不需要固定投入，但是要想获得持续性发展，却是无法离开资金的，缺少持续的资金投入，创意企业就无法收回投资和获得回报，更谈不上后续发展。如影视传媒业，在产品最终上线前，需要不断地注入资金，拍摄过程所需要的场地租赁、影视人员的日常支出及片酬等等，如果缺乏资金投入，即便确定了创作思路和主题，最终创意产品也会胎死腹中，创意企业也难逃破产的命运。所以，只有建立畅通的融资渠道，才能为中小型创意企业的发展提供必要的资金保证，才能使创意产业形成大中小企业并存并互相带动的良性运作局面。

总之，创意产业是新兴产业，是未来各国竞争的焦点之一，只有采取合理的手段和措施来促进创意产业发展，才能够抢占先机，让中国的创意产业在未来获得竞争优势，占据有利地位，为中国的经济建设做出更大的贡献。

参考文献

1. 李悦：《产业经济学》，中国人民大学出版社 2004 年版。
2. ［美］理查德·凯夫斯：《创意产业经济学：艺术的商业之道》，新华出版社 2004 年版。
3. ［英］爱德华·泰勒：《原始文化》，广西师范大学出版社 2005 年版。
4. ［英］约翰·霍金斯：《创意经济：如何点石成金》，上海三联书店 2006 年版。
5. ［加］弗朗索瓦·科尔伯特：《文化产业营销与管理》，上海人民出版社 2002 年版。
6. ［英］迈克·费舍斯通：《消费文化与后现代主义》，译林出版社 2000 年版。
7. ［英］特瑞·伊格尔顿著，方杰译：《文化的观念》，南京大学出版社 2003 年版。
8. David B. Audretsch and Maryann P. Feldman. R&D Spillovers and the Geograhpy of Innovation and Production [J]. American Economic Review, 1996 (3).
9. Jernnifer Hendry. Governance, Proceduralisation and Justice: Some Challenges to the Legal Paradigm [J]. Law and Critique, 2008 (8).
10. Lasswell, Haroid D. and Kaplan. Power and Society [M]. Yale University Press, 1970.
11. Mark Rice-Oxley. US Culture Spreading to Every to Corner of the World, Posing Major Problems [J]. Christian Science Monitor, 2004 (1).
12. Martin L. Sequential Location Contests in the Presence of Agglomeration Economies [J]. Working Paper of University of Washington, 1999.

13. Porter M. E. Clusters and the New Economics of Competition [J]. Harvard Business Review, 2007 (6).
14. Robert W. Mcchesney. Rich Media, Poor in Dubious Times [J]. Communication Politics, 2000 (2).
15. Siva Vaidhyanathan. Cultural Policy and the Art of Commerce [J]. The Chronicle Review, 2001 (6).
16. Theodor W. Adorno. The Culture industry: selected essays on mass culture [M]. Routledge, 1991.
17. William A. N. Reflections of a Political Economist: Selected Articles on Government Policies and Political Processes [J]. Public Choice, 2009 (3).
18. Richardard E. Caves Creative Industries: Contracts between Art and Commerce [M]. Harvard University Press, 2002: 67－72.
19. Florida R. The Rise of Creative Class [M]. New York: Basic.
20. 方军:《文化创意是创意产业发展的核心》,《湖南社会科学》2009年第2期。
21. 张爱田:《从肯德基的跨文化经营看文化融合策略》,《商场现代化》2005年第34期。
22. 北京大学文化产业研究所: 《中国文化产业年度发展报告(2005)》,湖南人民出版社2005年版。
23. 厉无畏:《创意产业导论》,学林出版社2006年版。
24. 尹逸如:《肯德基电视广告融合中国文化初探》,《中外企业家》2010年第2期。
25. 蔡尚伟等:《文化产业导论》,复旦大学出版社2006年版。
26. 常晓霞、周寄中:《平面媒体创意人才匮乏问题研究》,《中国人力资源开发》2010年第8期。
27. 陈家泽:《政府作用与文化产业政策设计》,《西南交通大学学报》(社会科学版)2006年第5期。
28. 陈清华:《发挥政府作用拓宽文化产业投资渠道》,《江苏农村经济》2007年第11期。
29. 陈清华:《社会主义文化产业论》,南京出版社2004年版。
30. 陈淑媛:《妈祖创意文化产业中的政府职能》,《中国发展观察》

2010 年第 11 期。
31. 陈旺：《文化创意产业发展扶持政策体系研究》，《商场现代化》2010 年第 10 期。
32. 丹增：《文化产业发展论》，人民出版社 2005 年版。
33. 董为民：《国外文化产业发展现状、措施及经验》，《经济研究参考》2004 年第 10 期。
34. 樊晓娜、袁野：《韩国文化产业政策及对中国的启示》，《商业文化》2010 年第 8 期。
35. 范富：《文化产业：内涵、物质与定位》，《理论探索》2005 年第 5 期。
36. 冯子标、焦斌龙：《分工、比较优势与文化产业发展》，商务印书馆 2005 年版。
37. 冯子标、焦斌龙：《文化产业解构传统产业》，社会科学文献出版社 2006 年版。
38. 冯子标：《国外文化产业理论与实践及其借鉴意义》，《国外理论动态》2006 年第 11 期。
39. 甘春华：《借鉴英国课程设置经验振兴中国文化创意产业》，《职教论坛》2010 年第 3 期。
40. 厉无畏、王慧梅：《创意产业促进经济增长方式转变——机理 · 模式 · 路径》，《中国工业经济》2006 年第 11 期。
41. 胡晓鹏：《技术创新与文化创意：发展中国家经济崛起的思考》，《科学学研究》2006 年第 1 期。
42. 王玉梅：《基于价值链的创意产业盈利模式》，《经济管理》2006 年第 17 期。
43. 高红岩：《文化创意产业的政策创新内涵研究》，《中国软科学》2010 年第 6 期。
44. 顾江：《文化产业研究》，南京大学出版社 2006 年版。
45. 官旴玲：《国外文化产业政策对中国文化产业发展的启示》，《江西教育学院学报》2007 年第 5 期。
46. 胡惠林：《文化产业发展的中国道路——中国文化产业发展理论与实践研究》，上海人民出版社 2004 年版。
47. 胡惠林：《文化产业学》，高等教育出版社 2006 年版。

48. 花建：《发展文化创意产业，促进现代服务经济》，《东岳论丛》2009 年第 10 期。

49. 花建：《注重民族精神的政府导向——加拿大发展文化产业的经验》，《探索与争鸣》2001 年第 11 期。

50. 徐朗：《基于生态位的城市创意产业发展研究——9 个长三角城市创意产业城市生态位测评分析》，浙江理工大学 2009 年。

51. 贾旭东：《全球化背景下的中国文化产业政策及其影响》，《同济大学学报》2009 年第 3 期。

52. 简新华、叶林：《改革开放以来中国产业结构演进和优化的实证分析》，《当代财经》2011 年第 1 期。

53. 约瑟夫·熊彼特：《经济发展理论》，何畏等译，商务印书馆 1997 年版。

54. 张京成：《中国创意产业报告》，中国经济出版社 2007 年版。

55. 姜文学：《创意产业与创意人才培养》，《天津师范大学学报》（社会科学版）2008 年第 5 期。

56. 梁新华：《经济增长方式转型与发展创意产业的政策环境》，《毛泽东邓小平理论研究》。

57. 向勇、张相林：《文化创意人才现状与开发对策》，《中国人才》2008 年第 1 期。

58. 佚名：《盘点中国创意人才发展现状》：http：//blog. sina. com. cn/s/blog_ 8d7916240100vuu9. html。

59. 韩红丽、刘晓君、李玲燕：《基于产业价值链的产业升级机制解剖》，《技术经济与管理研究》2012 年第 2 期。

60. 朱凤涛、李仕明、杜义飞：《关于价值链、产业链和供应链的研究辨识》，《管理学家》2008 年第 4 期。

61. 陆斌：《转型经济中的产业价值链升级》，《科技进步与对策》2012 年 6 月第 12 期。

62. 李平、狄辉：《产业价值链模块化重构的价值决定研究》，《中国工业经济》2006 年 9 月第 9 期。

63. 张迺英：《文化创意产品价值的实现路径分析》，《社会科学》2012 年第 11 期。

64. 杨洪泽、李博：《现代化背景下的产品价值分析》，《美与时代

（上）》2011 年第 11 期。
65. 罗军：《产品价值理论模型初探》，《艺术与设计（理论）》2011 年第 3 期。
66. 江蓝生、谢绳武：《2001—2002 年中国文化产业发展报告》，中国社会科学出版社 2002 年版。
67. 江蓝生、谢绳武：《2003 年中国文化产业报告》，社会科学文献出版社 2003 年版。
68. 蒋晓丽等：《全球化背景下中国文化产业论》，四川大学出版社 2006 年版。
69. 焦继文、李冻菊：《再论产业结构合理化的评判标准》，《经济经纬》2004 年第 4 期。
70. 金元浦：《中国文化创意产业发展的三个阶梯与三种模式》，《中国地质大学学报》（社会科学版）2011 年第 1 期。
71. 花建：《发展两种文化形态推动多元文化投资》，《学习月刊》2004 年第 11 期。
72. 李春：《政府在文化产业发展周期中的角色转换》，《决策探索》2010 年第 9 期。
73. 段轩如：《论外部环境对创意思维的影响》，《广西社会科学》2002 年第 4 期。
74. 李京文：《中国文化产业发展的现状、走势及政策选择》，《沿海企业与科技》2006 年第 10 期。
75. 李淑芳：《英国文化创意产业发展模式及启示》，《当代传播》2010 年第 6 期。
76. 李雄诒、王亚鸽：《中国文化创意产业现状及战略发展分析》，《商业时代》2010 年第 3 期。
77. 李雪玲：《英国创意产业发展及其对中国的启示》，《现代管理科学》2008 年第 9 期。
78. 李江帆、曾国军：《中国第三产业内部结构升级趋势分析》，《中国工业经济》2003 年第 3 期。
79. 李跃：《浅析当前中国文化创意产业存在的问题及对策》，《商业文化》2010 年第 12 期。
80. 厉无畏：《金融危机下的中国创意产业发展》，《社会科学研究》

2010 年第 1 期。
81. 林乃森：《日本创意产业发展政策及其启示》，《中南大学学报》（社会科学版）2011 年第 1 期。
82. 林拓、李惠斌、薛晓源：《世界文化产业发展前沿报告（2003—2004）》，社会科学文献出版社 2004 年版。
83. 刘建明、徐静、聂晶磊：《创意格局与创意新策略》，浙江大学出版社 2009 年版。
84. 刘明华：《世界文化强国发展文化产业的经验及借鉴》，《广东行政学院学报》2007 年第 19 期。
85. 刘茜：《知识经济与文化产业》，文化艺术出版社 2002 年版。
86. 刘蔚：《政府在文化产业集群发展中的作用》，《中国井冈山干部学院学报》2008 年第 2 期。
87. 刘小蓓、石应平：《世界文化强国文化产业发展的经验及借鉴》，《中华文化论坛》2003 年第 2 期。
88. 娄成武、李冬：《中国文化产业发展面临的冲击及应对策略》，《理论界》2006 年第 10 期。
89. 吕彧、胡庆雄：《发展文化产业的政府角色——文化产业发展的对策分析》，《东南大学学报》（哲学社会科学版）2006 年第 S1 期。
90. 马冉：《加拿大的文化产业政策措施评析》，《辽宁行政学院学报》2009 年第 11 期。
91. 倪芬：《文化产业发展中的政府职能定位》，《经济论坛》2010 年第 8 期。
92. 牛宏宝：《文化资本与文化创意产业》，《中国人民大学学报》2010 年第 1 期。
93. 欧阳友权：《文化产业通论》，湖南人民出版社 2006 年版。
94. 潘维琴、柴世强：《丹东市文化创意产业发展定位研究》，《辽宁经济》2010 年第 12 期。
95. 朴哲弘：《韩国政府如何推动文化产业版权出口》，《出版参考》2007 年第 13 期。
96. 祁述裕：《中国文化产业国际竞争力报告》，社会科学文献出版社 2004 年版。
97. 花建等：《文化金矿——全球文化产业投资成功之谜》，海天出版社

2003 年版。
98. 任珺：《深圳文化创意产业发展现状及政策环境》，《南方论丛》2008 年第 1 期。
99. 沈山：《文化产业的政策内涵及其政策发展趋势》，《社会科学家》2005 年第 2 期。
100. 寿山根等：《中外文艺经营管理的理论与实践》，学林出版社 1992 年版。
101. 苏锋：《“双重怪圈”蹂躏下的中国动画产业》，《2007 年：中国文化产业发展报告》，社会科学文献出版社 2007 年版。
102. 孙志英：《文化产业发展中的政府行为研究》，《河北学刊》2006 年第 6 期。
103. 谭军、顾江：《后危机背景下的产业转型与文化创意产业成长》，《江淮论坛》2010 年第 6 期。
104. 王钦鸿：《论转型期文化产业发展中的政府职能》，《山东理工大学学报》（社会科学版）2006 年第 5 期。
105. 王亚川：《论政府在推动文化产业发展中的角色》，《理论研究》2007 年第 1 期。
106. 王亚川：《文化产业发展的若干趋势分析》，《北京社会科学》2006 年第 4 期。
107. 王志标：《对文化经济前沿三个问题的思考》，《经济纵横》2008 年第 12 期。
108. 魏爱梳：《创意产业文献综述》，《经济论坛》2009 年第 1 期。
109. 文飞红、朱昭霖：《文化产业发展进程中的政府责任》，《求索》2008 年第 4 期。
110. 吴庆阳：《文化创意产业概念辨析》，《经济师》2010 年第 8 期。
111. 吴志华：《巴西文化产业政策初析》，《拉丁美洲研究》2007 年第 4 期。
112. 武刚尧、张华伟、闫志伟：《大力发展文化创意产业，打造山西经济增长新引擎》，《中共山西省委党校学报》2007 年第 5 期。
113. 谢名家等：《文化产业的时代审视》，人民出版社 2002 年版。
114. 徐浩然、雷琛烨：《文化产业管理》，社会科学文献出版社 2006 年版。

115. 许为民、曹峰旗：《韩国政府在文化产业发展中的作用与启示》，《理论导刊》2008 年第 2 期。
116. 薛芹：《日本现代文化产业发展中的政府行为》，《甘肃农业》2006 年第 5 期。
117. 杨文杰：《文化富民：云南文化产业的政府作为》，《云南民族大学学报》（哲学社会科学版）2005 年第 4 期。
118. 姚庆武：《政府在发展文化产业中的角色定位》，《理论观察》2009 年第 4 期。
119. 叶取源、王永章、陈昕：《中国文化产业评论》，上海人民出版社 2006 年版。
120. 张爱平、何静：《日本的文化产业概况与特点》，社会科学文献出版社 2002 年版。
121. 张涵：《经济社会发展中的文化产业问题研究》，山东大学 2009 年。
122. 张慧娟：《“无为而治”的背后——解读美国政府在其文化产业发展中的作用》，《生产力研究》2007 年第 15 期。
123. 张凯兰：《论提高地方政府管理文化产业的有效性》，《经济与社会发展》2007 年第 4 期。
124. 张玲：《文化产业发展中存在的问题及其对策》，《科技和产业》2006 年第 2 期。
125. 张鸣：《文化产业集群建设中的政府角色——以动漫产业为例》，《中国出版》2010 年第 18 期。
126. 张胜冰：《创意产业与文化产业的边界及中国的运作模式——兼论中国创意产业发展中的政府思维》，《思想战线》2010 年第 3 期。
127. 张书卿：《法国政府对出版产业及文化产业发展的作用与作为》，《出版发行研究》2006 年第 1 期。
128. 张晓明、胡惠林、章建刚：《2004 年中国文化产业发展报告》，社会科学文献出版社 2004 年版。
129. 张晓明、胡惠林、章建刚：《2005 年中国文化产业发展报告》，社会科学文献出版社 2005 年版。
130. 张晓明、胡惠林、章建刚：《2006 年中国文化产业发展报告》，社会科学文献出版社 2006 年版。

131. 张晓明、胡惠林、章建刚：《2007 年中国文化产业发展报告》，社科文献出版社 2007 年版。
132. 郑文文、高长春：《中韩创意产业发展比较研究》，《东北亚论坛》2007 年第 6 期。
133. 朱苗、吕庆华、陈东灵：《政府监管文化产业的策略研究——基于监督博弈分析》，《科学与管理》2010 年第 4 期。
134. 邹广文、徐庆文：《全球化与中国文化产业发展》，中央编译出版社 2006 年版。
135. 邹广文：《文化产业发展：我们向发达国家学习什么》，《人民论坛》2006 年第 8 期。
136. 赖明勇、张新等：《经济增长的源泉：人力资本、研究开发与技术外溢》，《中国社会科学》2005 年。
137. 罗炜：《企业合作创新理论研究》，上海交通大学博士学位论文，2001 年。
138. 上海市经济委员会、上海创意产业中心：《创意产业》，上海科学技术文献出版社 2005 年版。
139. 林拓、李惠斌、薛晓源：《世界文化产业发展报告》，社会科学文献出版社 2005 年版。
140. 吕方：《世界文化发展与英国创意产业》，《世界经济与政治论坛》2007 年第 6 期。
141. 国家统计局：《文化及相关产业分类》，中国统计出版社 2004 年版。
142. 肖骁：《创意产业价值链研究》，《中国集体经济（下半月）》2008 年第 3 期。
143. 武刚尧、张华伟、闫志伟：《大力发展文化创意产业，打造山西经济增长新引擎》，《中共山西省委党校学报》2007 年第 5 期。
144. 朱光好：《高等院校服务文化创意产业发展研究》，北京师范大学，2010 年。
145. 郑文文：《创意产业价值链价值传递机理研究》，东华大学，2009 年。
146. 人民日报海外版《世博会是一个巨大创意呼唤中国创意人才培养》，http：//2010. qq. com/a/20090925/000034. html。

147. 《2002 国内创意产业与创意人才开发分析》，http：//fz. ningbo. gov. cn/detail_ 24843_ 97. html。
148. 朱天龙、胡健：《基于创意价值链的创意产业管理人才定义及能力研究》，《科技管理研究》2011 年第 11 期。
149. 袁界平、张圆圆：《中国创意人才匮乏现状、原因解析及对策思考》，《科技管理研究》2009 年第 5 期。
150. 吕庆华：《文化资源的产业开发的文化资本理论基础》，《生产力研究》2006 年第 9 期。
151. 郑慧敏：《创意产业价值链管理研究》，厦门大学，2009 年。
152. 骆涛涛等：《基于顾客价值创新的客户联盟优势研究》，《科技信息（科学·教研）》2008 年第 2 期。
153. 厉无畏、顾丽英：《创意产业价值创造机制与产业组织模式》，《学术月刊》2007 年第 8 期。
154. 徐洁云：《苹果：关键市场与价值链高地》，《第一财经日报》2012 年 2 月 10 日。
155. 李冬：《文化创意产业及其政策探析》，东北大学，2007 年。

后　记

本书几经易稿，终于完成。本书是在我博士论文的基础之上修改而成，导师李悦教授在百忙之中对我进行了悉心的指导并为本书作序，能够投师李悦教授门下是我的荣幸，李悦老师已经年逾八旬，可是对于知识孜孜以求、刻苦钻研的精神和严谨的治学态度实在令我感动且受益终生。

感谢谷克鉴教授、马龙龙教授、王晓东教授、杨昌举教授、王亚星教授、易靖韬等老师在专业知识、理论学习和研究方法上给我的指导和帮助，这为我论文的写作提供了思路和新的视角。同时，也感谢人民大学商学院众多老师的辛勤劳动！

我要感谢我的家人，我的父母、姐妹为了让我顺利地完成写作，承担了所有家务，我的先生唐辉为了让我专心写作，承担了照顾孩子的任务，让我没有了后顾之忧，正是有了他们的支持我才能顺利完成我的论文写作。

谭祖谊、周宇、周林洁、唐杰、李石强等同事对我的论文提出了很多建设性的意见，这对本书的最终完成起到了重要的作用，在我文章写作的过程中，他们经常和我探讨关于我论文主题的最新动态，让我的思维能够更加开阔，数据更加新颖。在此，向上述同志表示衷心的感谢！

最后，还要感谢中国青年政治学院为本书出版提供资助，感谢中国社会科学出版社的李炳青编辑付出的辛勤劳动。

徐丽艳

2013 年 12 月 10 日